ॐ नमो भगवते वासुदेवाय

श्रीराम दर्शन

ॐ

रचनाकार – ठाकुर प्रसाद द्विवेदी
असोथर फतेहपुर उ०प्र०

प्रकाशक
नोशन प्रेस मीडिया प्राइवेट लिमिटेड
चेन्नई

प्रथम संस्करण

संवत २०८०

रचनाकार -

ठाकुर प्रसाद द्विवेदी
असोथर फतेहपुर उ.प्र.
पिनकोड- 212620

Thakur Prasad Dwivedi
Asothar Fatehpur (U.P.)
Pincode -212620

संपर्क सूत्र

Mob- 9871362005

Email – thakurprasad.dwivedi@gmail.com

प्रकाशक

नोशन प्रेस मीडिया प्राइवेट लिमिटेड

चेन्नई

समर्पण

हे मर्यादा पुरुषोत्तम, हे अखिल ब्रह्मांड नायक, हे प्रभु श्री राम!

यह 'श्रीराम दर्शन' की काव्य-माला, आपके ही चरणों के कमल-पराग से सुगंधित होकर पुनः आपके श्रीचरणों में अर्पित है। मेरे द्वारा रचित इन छंदों का हर एक अक्षर आपकी कृपा, आपकी शक्ति और आपकी प्रेरणा का ही प्रतिबिंब है।

मैं इस कृति को अपने पूज्य माता-पिता, श्रीमती शिवरती देवी और श्री आशादत्त द्विवेदी जी के पावन आशीर्वाद के साथ, साक्षात आप ही के कर-कमलों में समर्पित करता हूँ। मेरी लेखनी की हर पंक्ति, मेरे मन के हर भाव और मेरी आत्मा के हर स्पंदन का एकमात्र लक्ष्य आपका ही सानिध्य पाना है।

हे प्रभु! यदि इस साधना में मेरी कोई त्रुटि हुई हो, तो उसे अपने अनंत प्रेम के सागर में विलीन कर लेना। यह पुस्तक मेरी कोई उपलब्धि नहीं, बल्कि आपके प्रति मेरे अटूट विश्वास और भक्ति का एक विनम्र समर्पण मात्र है।

कृपा करें, ताकि यह वाणी आपके ही गुणगान में निरंतर निमग्न रहे।

सादर समर्पित,

ठाकुर प्रसाद द्विवेदी

भूमिका

मेरे प्रिय पाठकों,

जब मैंने 'श्रीराम दर्शन' लिखने का विचार किया, तो मेरे मन में सबसे पहला भाव यही आया कि प्रभु श्रीराम का व्यक्तित्व इतना विशाल और गहरा है कि उसे शब्दों में समेटना एक बहुत बड़ी चुनौती है। फिर भी, एक भक्त और एक लेखक के रूप में, यह मेरा विनम्र प्रयास है कि मैं आप सभी को उनके आदर्शों और उनकी महिमा से परिचित करा सकूँ।

मेरे लिए 'श्रीराम दर्शन' केवल एक पुस्तक नहीं है, बल्कि यह मेरे हृदय की वह श्रद्धा है जिसे मैंने शब्दों का आकार दिया है। हम सभी के जीवन में कभी न कभी ऐसा पड़ाव आता है, जब हम दुविधा में होते हैं या मन अशांत होता है। ऐसे में मुझे सदैव श्रीराम के जीवन का स्मरण हुआ—उनके धैर्य ने मुझे सिखाया कि विपरीत परिस्थितियों में भी कैसे शांत रहा जाता है, और उनके त्याग ने मुझे यह समझाया कि कर्तव्य ही सबसे बड़ा धर्म है।

इस पुस्तक को लिखते समय मेरा मुख्य उद्देश्य यह था कि श्रीराम को हम केवल एक पौराणिक कथा के नायक के रूप में नहीं, बल्कि अपने जीवन के मार्गदर्शक के रूप में देखें। मैंने इसमें उनके जीवन की उन घटनाओं और गुणों को सरल हिंदी में पिरोने की कोशिश की है, जो आज के समय में भी उतने ही प्रासंगिक हैं जितने त्रेतायुग में थे।

मैं स्वयं को बहुत सौभाग्यशाली मानता हूँ कि मुझे प्रभु की कृपा से इस कृति को रचने का अवसर मिला। मुझे पूर्ण विश्वास है कि यदि आप इन पृष्ठों में छिपे संदेशों को अपनाएंगे, तो यह पुस्तक आपके जीवन में भी वही शांति और सकारात्मकता लेकर आएगी, जो इसने मेरे जीवन में भरी है।

यह पुस्तक मेरी ओर से आप सभी के लिए एक भेंट है। इसे पढ़ते समय यदि आपको प्रभु राम के स्नेह और उनकी दिव्यता का लेशमात्र भी अनुभव हो, तो मैं समझूँगा कि मेरा यह श्रम सार्थक हो गया।

ठाकुर प्रसाद द्विवेदी

कृति एवं छंद परिचय

'श्रीराम दर्शन' मेरे हृदय के अनन्य भावों का साक्षात् विस्तार है। प्रभु श्रीराम की पावन महिमा और उनके श्रीचरणों में की गई वंदना ही इस ग्रंथ का प्राण है। आराध्य देव की दिव्य आभा और उनके गुणों का चिंतन करते हुए जो अनुभूतियाँ मेरे अंतर्मन में स्पंदित हुईं, उन्हीं को मैंने इन छंदों में निबद्ध किया है। यह रचना पूर्णतः प्रभु की कृपा का प्रसाद है, जिसमें उनकी अनंत महिमा का गान किया गया है।

इस कृति में मैंने **'घनाक्षरी छंद'** का आश्रय लिया है। छंद-शास्त्र के नियमानुसार, घनाक्षरी के प्रत्येक चरण में ३१ वर्णों का सुव्यवस्थित विन्यास होता है, जिसमें १६ और १५ वर्णों पर यति का विधान है। इस छंद की सबसे प्रमुख विशेषता इसका अंतिम वर्ण है, जो अनिवार्यतः 'गुरु' (दीर्घ) होता है। जिस प्रकार भक्त का चित्त प्रभु की वंदना करते हुए अंततः उनके श्रीचरणों में स्थिर होकर विश्राम पाता है, उसी प्रकार घनाक्षरी का यह 'गुरु' वर्ण छंद को पूर्णता और स्थिरता प्रदान करता है।

घनाक्षरी छंदों में निबद्ध यह 'श्रीराम दर्शन' प्रभु के प्रति मेरी श्रद्धा-पुष्पांजलि है। मेरा ध्येय एकमात्र प्रभु की महिमा का संकीर्तन करना रहा है, जिससे पाठक इन छंदों के माध्यम से श्रीराम के प्रति भक्ति-भाव को आत्मसात् कर सकें। यह काव्य-प्रवाह पाठकों के हृदय में प्रभु-प्रेम का संचार करने में सर्वथा समर्थ रहे मुझे यह आशा है ।

ठाकुर प्रसाद द्विवेदी

अनुक्रमणिका

भूमिका....4
ग्रंथ एवं छंद परिचय....5
अनुक्रमणिका....6
मंगलाचरण....8
श्रीराघव-वंदन....11
श्रीराघव-महिमा....14
श्रीराघव-विनय....25
श्रीराम-शरणागति कामना....34
रामायण महिमा....39
निषेध....46
उद्बोधन....49
प्रकीर्णक....69
अयोध्या दर्शन....74
श्रीहरि दर्शन....84
उपसंहार....100
छंद सूची....101
राम-काव्य की अमर परंपरा....106
राम नाम का आश्रय....107

श्रीराम दर्शन

अंश-1

(इस अंश मे कुल 3 छंद हैं)

मंगलाचरण

(अंश परिचय)

जय श्री राम!

किसी भी महान कार्य या काव्य की निर्विघ्न पूर्णता के लिए सनातन परंपरा में मंगलाचरण का विशेष महत्व है। 'राम दर्शन' ग्रंथ का यह प्रथम अंश हमारी उसी पावन संस्कृति का संवाहक है। इसके अंतर्गत विघ्नहर्ता भगवान श्री गणेश, ज्ञान और कला की देवी माता शारदे तथा चराचर जगत के पालनकर्ता भगवान श्री विष्णु एवं प्रभु श्री राम एवं अन्य की वंदना की गई है। यह मंगलाचरण न केवल ग्रंथ के मंगलमय प्रारंभ का सूचक है, बल्कि पाठकों के अंतःकरण में भी सकारात्मक ऊर्जा और भक्ति का संचार करने वाला है। आइए, देव-आराधना के इन पावन छंदों में डूबकर काव्य यात्रा का शुभारंभ करें।

मंगलाचरण

श्रीगणेश वंदन

हेरम्ब गजानन बुद्धिसदन मुदमोदरूप वर हे अनन्त!
शिवपुत्र सनातन सत्यमूल हे विद्यावारिधि एकदंत!
विघ्नेश गणाधिप अंबिकेय हे आदिपूज्य गौरी नंदन!
गजवदन विनायक धूम्रवर्ण स्वीकार करो मेरा वंदन।
हे ढुण्डिराज! हे वक्रतुंड! द्वैमातुर शंकरसुत गणेश।
लम्बोदर मंगलमहामूर्ति हे देव! हरो दुखद्वन्द क्लेश।
हे सुमुख महेश्वर देवेश्वर! हे कोटिसूर्य सम तेजवंत!
हे मूषकवाहन कपिलगुणिन, हे रिद्धिसिद्धि के प्रियसुकन्त!
हे तरुण यशस्विन योगाधिप! हे यज्ञकाय हे मृत्युंजय।
हे विकट विलक्षण भालचंद्र भुवनेश मनोमय जयजयजय।

श्री सरस्वती स्तुति

(घनाक्षरी छंद)

(1)

कीजिये भवानी अंगीकार वंदना-सुमन,
मम कृति प्रकृति सुपावन बनाइये।
ग्रसित कुमति और व्यथित विविध भाँति,
अति हूँ पतित अंबे अब अपनाइये।
वाणी वीणापाणि कृपा कर करो नित-क्षेम,
मधुर-मधुर नाद वीणा का सुनाइये।
जड़ता को जड़ से उखाड़ फेंको मातु मम,
जननी जगा के ज्ञान गूढ़ता जनाइये।

(2)

देवि दिव्यता से युक्त कर के मुझे महत,
मम पथ परम प्रशस्त कर दीजिये।
कीजिये अजस्र अनुकूल अवसर अम्ब,
और जड़ता समूल ध्वस्त कर दीजिये।
आपके प्रताप से त्रिताप हों समस्त अस्त,
ज्ञानियों के संग वाणी व्यस्त कर दीजिये।
वेदना विध्वंश करो हरो उर के विकार,
माते मम शीश कृपा-हस्त कर दीजिये।

प्रभु एवं अन्य की स्तुति

(3)

पावन-प्रणाम प्रभु-पद-पंकजों के प्रति,
पुनि है प्रणाम पद्य-पूरित-प्रकृति को।
प्रेम-परिपूर्ण प्रिय-पाठकों को प्रणिपात,
परम-प्रणाम पुण्य-पावन-प्रवृत्ति को।
प्रिय-पुर-परिजनों को प्रणाम प्रति-पल,
प्रेरणा-प्रदायिनी प्रवाह-पूर्ण कृति को।
पिता-प्रसू-प्रज्ञ-प्रौढ़-पंडित को प्रणिपात,
प्रमुख प्रणाम प्रेम-प्रीति की प्रगति को।

अंश-2

(इस अंश मे कुल 3 छंद हैं)

श्रीराघव-वंदन

(अंश परिचय)

जय श्री राम!

वंदना भक्त के हृदय का वह निर्मल राग है, जो उसे सीधे परमात्मा से जोड़ता है। इस खंड में मर्यादा पुरुषोत्तम प्रभु श्री राम की अनन्य और भावपूर्ण वंदना की गई है। प्रभु के श्यामल रूप, उनकी करुणा, उनके शील और शरणागत-वत्सल स्वभाव को छंदों के माध्यम से शब्दों में पिरोया गया है। यह वंदना पाठक को सांसारिक कोलाहल से दूर ले जाकर प्रभु के चरणों में लीन होने की प्रेरणा देती है। जब हम अहंकार को त्यागकर प्रभु की वंदना में झुकते हैं, तभी हमें उनके वास्तविक 'दर्शन' प्राप्त होते हैं।

श्रीराघव-वंदन

(घनाक्षरी छंद)

(1)

करता नहीं हूँ अर्पित जब तक नीर,
निज नैनों का प्रभु चरणों की छाप पर।
तब तक रहता हूँ व्यथित अधीर अति,
चलता नहीं है वश विकट-त्रिताप पर।
भक्त-हित हेतु चले आते जो स्वलोक छोड़,
कातर पुकार सुन जन के विलाप पर।
कोटि-कोटि उनको प्रणाम प्रति-पल मम,
चलता है काल-चक्र जिनके प्रताप पर।

(2)

राम का किया हुआ है राम का दिया हुआ है,
राम से है कण-कण राम से जगत है।
राम से है गति और राम से सुमति-शुचि,
महिमा-महान प्रभु-राम की अनत है।
राम से है शक्ति और राम से है मुक्ति बन्धु,
राम की कृपा से सद्य छूटता असत है।
साधु-संत-वेद व पुराण का यही है मत,
राम को प्रणाम मम कोटि-शत-शत है।

(3)

जिनकी प्रकृति है विकृति दूर करने की,
उन्हें अर्पित करता हूँ इस कृति को।
परम प्रसन्न होते प्रेम से सहज ही जो,
हरते कुमति भर देते हैं सुमति को।
दास की पुकार सुन स्वामी चले आते धाय,
करते शमन सद्य विकट-विपति को।
महिमा-अपार लीलापति की उदार अति,
सहस-प्रणाम मम ऐसे माया-पति को।

❋❋❋

अंश-3

(इस अंश मे कुल 29 छंद हैं)

श्रीराघव-महिमा

(अंश परिचय)

जय श्री राम!

परमात्मा की महिमा अनंत है और उसे शब्दों में बाँध पाना साक्षात समुद्र को घट में समाने जैसा है। इस अंश में जगत के स्वामी भगवान विष्णु और उनके पूर्णावतार प्रभु श्री राम जी की अलौकिक महिमा का गान किया गया है। उनके अवतार लेने के उद्देश्य, दुष्टों के संहार और भक्तों पर बरसाई गई अहैतुकी कृपा का वर्णन इन छंदों की आत्मा है। प्रभु की महिमा का श्रवण और कीर्तन ही जीव के कल्याण का सबसे सुलभ मार्ग है, जिसकी सुंदर अभिव्यक्ति आपको इस अंश में देखने को मिलेगी।

❁❁❁

श्रीराघव-महिमा

(घनाक्षरी छंद)

(1)

राम की कथा से कट जाता है कठोर-कष्ट
अति-उत्कृष्ट यह परम-सरस है।
कहा स्पष्ट शिष्ट-नारद-वशिष्ठ जी ने,
इससे विशिष्ट नहीं कोई मधुरस है।
वायसभुसुण्डि जैसे ज्ञानियों को गाते हुये,
वृन्द-युग-कल्प बीता सहस सहस है।
मानो या न मानो पर यही है परम-सत्य,
और कहीं नहीं जैसा रामजी में रस है।

(2)

प्रतिपाल करते हैं शरण में आये का वो,
शक्ति- गुणज्ञान में महान कर देते हैं।
हरते हैं सकल-विकार-पाप-ताप-दर्प,
जीवन का सुंदर-विधान कर देते हैं।
करते नहीं है कभी भेद निज-प्रेमियों में,
पल में सुसंपदा प्रदान कर देते हैं।
यही तो विशेषता है प्रभु श्रीराम जी की,
स्वजन को अपने समान कर देते हैं।

(3)

भक्त को लगाते निज-उर से हमारे राम,
अपराध क्षमा करने में वो प्रथम हैं।
फिर भी न उनकी शरण यदि जायें हम,
तब तो है सिद्ध हम कितने अधम हैं।
झुकता है काल जिनके पगों में प्रति-पल,
जिनके आधीन सर्व लोकपाल यम हैं।
उनकी कृपा-विशेष बनी ही रहे सदैव,
बस उन्हीं राम की शरण अब हम हैं।

(4)

प्रस्तर को किया मुक्त देके प्रमदा-स्वरुप,
कमनीयता से युक्त कर दिया उद्र को।
खेल-खेल मे ही किया दशकंठ का विनाश,
चरणों में अपने झुका लिया समुद्र को।
शरण में आये हुए को सुगति की प्रदान,
दिव्य-लोक दे दिया निशाचरों से छुद्र को।
शिवजी के इष्ट आप हरते अनिष्ट-पाप,
हर-भाँति भाते अति आशुतोष-रुद्र को।

(5)

भीषण-विपति काटी आपने विभीषण की,
आपकी शरण पाके वो तो धन्य हो गया।
बालि का भी कर दिया उद्धार पल में ही,
अंगद भी भक्त आपका अनन्य हो गया।
कपटी-जयंत दुष्ट को भी कर दिया क्षमा,
जिससे था अपराध भी जघन्य हो गया।
रामजी! त्रिलोक में हुआ है कब वो निराश,
आपकी शरण जो भी कोई अन्य हो गया।

(6)

चौदह-भुवन तीन-लोक के सृजन-हार,
महिमा अनंत है अनादि है अपार है।
वेद-संत-सुधी विज्ञ-ऋषियों का है ये मत,
आपका पवित्र-नाम ही तो मुक्तिद्वार है।
जप-तप कुछ और जानता नहीं हूँ नाथ,
आप की ये वंदना ही दास का आधार है।
करुना-निधान कृपा-सिंधु सुख-धाम राम,
आपको प्रणाम प्रभु मेरा बार-बार है।

(7)

सरल-स्वभाव प्रेम-अमित प्रभाव-युक्त,
अति-तेजवन्त महाबली भोले-भाले हैं।
परम-प्रतापवान कृपा के सदन-शुभ,
हम दीन-जनो के तो वही रखवाले हैं।
अपने हैं वही स्वामी-सखा-पितु-मातु-गुरु,
उन्हें छोड़ हम कहीं नहीं जाने वाले हैं।
अंग-अंग-सुभग-सलोने साँवले-सुशील,
अपने तो श्रीराम सबसे निराले हैं।

(8)

वनिता-विनीता वर-बन्धु-वीर बसे वन,
वनवासी बनके विकट-व्याधि बोई हो?
सीता-सुकुमारी संग संकट सहे समस्त,
सुख-सरिता-सुभग सपने संजोई हो?
राजनीति रखवाले राम-रघुनाथ-राय,
रामराज रहते रियाया रंच रोई हो?
कब कहाँ किसके किये न काज कृपाधाम,
कहिये कहानी कष्टकारी कहीं कोई हो?

(9)

प्रेम से न उर गदगद होता जब तक,
और लोचनों से अश्रु धारे नहीं चलते।
रसना में रहता नहीं है रसमयी-नाम,
श्रद्धाके सुमन हिय प्यारे नहीं खिलते।
होते नहीं तन्मय साधना में निष्काम,
जब-तक ईश के सहारे नहीं पलते।
करुणा-निधान भगवान राम-सुखधाम,
तब-तक प्रभु जी हमारे नहीं मिलते।

(10)

उपकार कितना तुम्हारा मैं गिनाऊँ राम,
जीवन की धारा का सहारा मम एक हो।
नेति-नेति वेदों ने उचारा तुम्हें बार-बार,
एक होते हुये आप अमित अनेक हो।
जय-जप-तप त्याग-संयम-स्वरूप भूप,
सत्य-शुभ-शांति बल-बुद्धि व विवेक हो।
तुम ही किरीट छत्र वैभव विशेष राम,
धैर्य-धर्म-पुण्य-श्री सुयश-अभिषेक हो।

(11)

काल के लिये भी है कराल विकराल किंतु,
कभी किसी के लिये विषम भी नहीं हैं वो।
इसी लिये कहे जाते हैं वो करुणा-निधान,
क्योंकि किसी पल निर्मम भी नहीं हैं वो।
सुर-नर-मुनि सभी करते हैं गुण-गान,
कौन कहता है अनुपम भी नहीं हैं वो।
चलो मान लिया ईश नहीं हैं हमारे राम,
किन्तु किसी ईश्वर से कम भी नहीं हैं वो।

(12)

रामजी की महिमा को जानता नहीं है कौन,
जान कर बने अनजान वो तो मूढ़ है।
राम का महत्व राम-भक्त को पता है किन्तु,
अधम-निशाचरों के लिए बड़ा-गूढ़ है।
राम के विरुद्ध जिसका हो आचरण घोर,
उस पर कलि हुआ समझो आरूढ़ है।
रामरागी के समान बड़भागी और कौन,
जो न भजे राम को वो निपट-विमूढ़ है।

(13)

याज्ञवल्क्य वायसभुसुण्डि आशुतोष शिव,
महिमा को रामजी की प्रतिपल गाते हैं।
प्रेम की प्रधानता से होते हैं प्रभावित वो,
शबरी के जूठे-बेर प्रेम-वश खाते हैं।
अपने हृदय में जो उनको उतारता है,
उसको वो बार-बार उर से लगाते हैं।
किसी को कभी भी नहीं करते निराश राम,
भक्त की पुकार सुन दौड़े चले आते है।

(14)

संकट-समूह काटती है आपकी शरण,
आपकी शरण में हमारा सदा हित है।
अविलम्ब कीजिये कृपा हमारे दीनबन्धु,
अधमों से यह देश बहुत व्यथित है।
करुण पुकार अब सुनिये हमारी नाथ,
करो प्रभु आपको जो लगता उचित है।
आपकी कृपासे किसकी नहीं हुई कुशल,
महिमा-तुम्हारी हर-लोक में विदित है।

(15)

पूतना-कुपूतनी-निशाचरी को किया ढेर,
कुब्जा की काया को मनोहर बनाया था।
वन को बनाया वृन्दावन शुचि व सुरम्य,
गोप-गोपियों पे अति-प्रेम बरसाया था।
नृप-दुहितायें भौमासुर से कराईं मुक्त,
उनकी ही मनसा से उन्हें अपनाया था।
रुक्मिणी की कामना सफल हुई सद्य तब,
जब पत्र भेज प्रभु आपको बुलाया था।

(16)

शिव सदा ध्याते तुम्हें देवता मनाते तुम्हें,
गाते गुण आपके सदैव साधु-संत हैं।
आपकी अगम-महिमा का गान वेद करें,
आपके सहस नाम रूप भी अनन्त हैं।
शक्त-मुक्ति-भक्ति-स्रोत शेष-शारदा के रूप,
मंगल-स्वरूप आप ही तो एकदन्त हैं।
वज्र से कठोर तन सरल-स्वभाव अति,
थोड़ी सी विनय से प्रसीदते तुरन्त हैं।

(17)

तैर गये पाहन विशाल-जलराशि पर,
शिला हुई नारि पद-परस-प्रभाव से।
लाँघ गये जलधि सुमिर राम-नाम-प्रिय,
वायु-सुत वीर प्रेम-रस भरे भाव से।
किया उत्पात था पुरन्दर के सुत ने जो,
निज की मलिन-मति ज्ञान के अभाव से।
जदपि था घोर अपराध क्षमा कर दिया,
आने से शरण हरि सरल-स्वभाव से।

(18)

पाञ्चजन्य-पद्म-गदाधारी असुरारी-प्रभु,
शोभित सुदर्शन सतत तव-तरिता।
कलि में कुशलता व कामना की सिद्धि हेतु,
आपकी प्रभा से ही प्रकट हुई त्वरिता।
महिमा अनादि व अनन्त रमाकन्त की है,
कल्याणकारिणी है हरिजी की हरिता।
कीजिये कृपा कृपालु-दीनबन्धु-दीनानाथ,
हिय में भरो पुनीत भक्ति-सुर-सरिता।

(19)

आपकी कृपा से गजराज के बचे थे प्राण,
ध्रुव ने भी पाया पद परम-अटल है।
कुटिल-कठोर हूँ मैं पापी-घनघोर हूँ मैं,
कलि का प्रभाव नाथ मुझमें प्रबल है।
देके निर्मल-मति भगति करो प्रदान,
मेरा तो भरोसा बस आपका ही बल है।
तारण-तरण आप कारण-करण आप,
आपकी-शरण सारी-विपदा का हल है।

(20)

रिषि-गण ज्ञानी गुण-गान करते हैं सदा,
होता हर्षित हिय हरि के प्रसंग से।
लेते अवतार हरने को धरणी का भार,
सुषमा-सदन-प्रभु कोटिक-अनंग से।
जिनके सुयश का बखान करते हैं नित,
वायसभुसुण्डि अति विविध-विहंग से।
कटते हैं पातक-विकट जप हरि-नाम,
सुन्दर-सुखद शुचि-शुभ-सतसंग से।

(21)

राम का चरित्र सुन होता है पवित्र-जीव
राम की कथा मे ऐसी अद्भुत-शक्ति है।
नारद-वशिष्ठ-सनकादि का यही है मत,
धन्य है वो नर जिसे ऐसी-अनुरक्ति है।
वायसभुसुण्डिजी ने गरुड से कहा है यह,
जीवन का लक्ष्य बस रामजी की भक्ति है।
याज्ञवल्क्य जी ने भरद्वाज से किया है व्यक्त,
शैलजा से शिवजी की यही अभिव्यक्ति है।

(22)

कौन है जो रामजी की क्षमता को सके माप,
कर सके सामना जो राम जी के वाण का।
विप्र-धेनु-सुर-संत हित हेतु आये राम,
करने को काज मेदिनी के परित्राण का।
रामजी की हम पर हुई ऐसी कृपा दृष्टि,
अब नही भय हमे कलि की कृपाण का।
राम अनुरागियों को जप तप किये बिना,
सहज ही मिल गया पथ निर्वाण का।

(23)

राम-नाम के प्रताप व प्रभाव से सहज,
पातकों के सकल समूह धुल जाते हैं।
जीवन के झंझावात घात संघात और,
उत्पात बिना ही प्रयास घुल जाते हैं।
कटते हैं राहु-केतु-शनि ग्रहों के प्रकोप,
सोये हुये भाग्य अनायास खुल जाते हैं।
रामनाम के सुभग योग संयोग से तो,
कंकड़ भी कुलिश के भाव तुल जाते हैं।

(24)

विष्कुंभ, शूल, गण्ड, वज्र, व्यतीपात आदि,
कठिन कुकाल के कुयोग कट जाते हैं।
राहु-केतु की दशा का पड़ता नहीं प्रभाव,
शनि की कुदृष्टि के प्रकोप हट जाते हैं।
होती पल भर में है संकटा समूल नष्ट,
भाव-मारकेश के सभी पलट जाते हैं।
रामजी के नाम का है परम प्रताप यह,
संकटों के मेघ स्वयमेव छँट जाते हैं।

(25)

भाव से जो भजता है प्रभु-राम जी का नाम,
उनमें वो भक्ति-भाव-विस्तार देते हैं।
सिद्धि-बल-बुद्धि गति-सुमति-स्वरति-शक्ति,
देते हैं तो बस सिया के भतार देते हैं।
मद-मान-दंभ तज शरण में आने पर,
बड़े-बड़े पापियों को भी वो तार देते हैं।
करुणा की खान प्रभु-राम हैं दया-निधान,
भव-पार पल भर में उतार देते हैं।

(26)

पाते हैं वो इस लोक से सदा के लिये मुक्ति,
चरणों में राम के जो शीश धर देते हैं।
उसे हर भाँति अपनाते हैं हमारे राम,
अपने ही लोक में वो उसे घर देते हैं।
रहता नहीं है लेश दुख-दैन्य-संताप,
उर में आनन्द का वो सिन्धु भर देते हैं।
सेवक को पाना कुछ नहीं रह जाता शेष,
ऐसी दिव्य-शक्तियों से युक्त कर देते हैं।

(27)

सब को हैं भाते अति साँवले-सलोने-राम,
देखते ही उर में निवास कर लेते हैं।
प्रेमियों को अपने झुकाते नहीं कभी राम,
प्रेम से उठा के बाहुओं में भर लेते हैं।
दुख-द्वन्द आधि-व्याधि विविध-कुयोग-रोग,
सर्व-शूल-शोक-संताप हर लेते हैं।
छोड़ते नहीं है कभी उसको हमारे राम,
जिसको को वो यदि एक बार धर लेते हैं।

(28)

रामजी की शरण ग्रहण कर लेने पर,
जीवन में कभी दुख-द्वन्द नहीं होता है।
बढ़ते हैं बल बुद्धि धैर्य ज्ञान व विवेक,
राम-भक्त कभी मतिमंद नहीं होता है।
रहता नहीं है कभी उसके कोई अभाव,
सिद्धियों का द्वार कभी बंद नहीं होता है।
कनक का कोष कितना भी मिल जाये किन्तु,
राम के बिना कभी आनन्द नहीं होता है।

(29)

रामजी का शासन है लोक-परलोक और,
क्षिति-जल-पावक-गगन व समीर में।
करते नहीं हैं कभी भेद-भाव प्रभु-राम,
निबल सबल या ग़रीब व अमीर में।
पल में पहुँचते हैं भक्त की पुकार सुन,
चाहे वह काशी में हो या हो कश्मीर में।
उससे कभी भी दूर नहीं रह पाते राम,
रखता है राम को जो अपने ज़मीर में।

❁❁❁

अंश-4

(इस अंश मे कुल 22 छंद हैं)

श्रीराघव-विनय

(अंश परिचय)

जय श्री राम!

प्रार्थना याचक बनकर माँगना नहीं, बल्कि एक भक्त द्वारा अपने आराध्य के सम्मुख अपने हृदय को पूरी तरह खोलकर रख देना है। इस अंश में एक निश्छल भक्त की व्याकुलता, उसकी पुकार और प्रभु के प्रति उसके अटूट विश्वास को दर्शाया गया है। इन छंदों में सांसारिक वैभव की लालसा नहीं, बल्कि प्रभु की भक्ति और उनका सानिध्य पाने की तीव्र उत्कंठा है। यहाँ की गई प्रार्थना हर उस हृदय की आवाज बन जाती है, जो इस भवसागर में प्रभु के सहारे की खोज कर रहा है।

❁❁❁

श्रीराघव-विनय

(घनाक्षरी छंद)

(1)

कठिन कुयोग को बनाते हैं सुयोग आप,
चाप से खलों के दल का दमन कीजिये।
भारत की भीषण विभीषिका का करो अंत,
बैरियों की सारी शक्ति का शमन कीजिये।
सुनिये विनय दीनबंधु दीनानाथ मम,
अरि के विनाश हेतु आगमन कीजिये।
ठाकुर-प्रसाद सदा आप की शरण राम,
उर में सदैव इसके रमन कीजिये।

(2)

अवध का राज्य तज हुए वनवासी आप,
दर्प चूर-चूर किया दानवों के दल का।
काट काट कर भुजदंड किया खंड-खंड,
तोड़ दिया दम्भ दशशीश जैसे खल का।
लोभ-मोह-मद व अहं विनशाओ राम,
कर दो शमन काम-क्रोध आदि मल का।
निज पद-पंकजो की प्रीति कीजिये प्रदान,
हरो कुविचार मम मानस चपल का।

(3)

रचना नहीं है अर्चना है रामजी की यह,
प्रभु चरणों की वंदना का एक फूल है।
मुझे रंच रस-छंद भेद का नहीं है ज्ञान,
राम की कृपा से हो रहा ये अनुकूल है।
लिखता नहीं हूँ लिखवाते हैं हमारे राम,
जैसा भी हो यह मेरे लिये सुख-मूल है।
छंद अनुरागियों से मेरी है विनय यह,
क्षमा कर देना यदि कहीं कोई भूल है।

(4)

मन में रहे सदैव राम का स्वरूप रम्य,
राम का कृपा-वितान तन में तना रहे।
प्रतिपल श्वास पर श्वास में न टूटे क्रम,
हर स्वर मम रामनाम से सना रहे।
राम के चरित का सतत हो श्रवणलाभ,
रोम-रोम भक्तिभाव सतत घना रहे।
बस यही याचना है आपसे हे महादेव,
चरणों में प्रेम सिया-राम के बना रहे।

(5)

राम को न छोड़ूँ भले मोड़ूँ मुख जगत से,
तोड़ूँ न कदापि ध्यान राघव के नाम का।
जोड़ूँ राम-रागियों से उर के सतत भाव,
करने को गुणगान प्रभु सुख-धाम का।
कृपा कर हनुमान दीजिये ये वरदान,
किंकर न बन रह जाऊँ क्रोध-काम का।
बसा रहे मानस में राम का स्वरूप-रम्य,
चाकर रहूँ मैं रामजी का आठो-याम का।

(6)

कड़ी हर-घड़ी चलती ही रहे वंदना की,
गाता रहूँ यशोगान राघव-महान का।
प्रतिपल अपने करूँ सदैव ही व्यतीत,
लेकर के नाम प्रभु करुणानिधान का।
दानी-महादेव आशुतोष नीलकंठ-भव,
कर दो सृजन बस ऐसे ही विधान का।
आपकी कृपा के बिना संभव नहीं है यह,
दे दो मुझे ज्ञान प्रभु राम-गुणगान का।

(7)

ध्यान में उतरकर देखता हूँ रामजी को,
उर में अतीव अनुराग भर जाता है।
चलता नहीं जहाँ उपाय कोई जगत का,
रामजी का नाम वहाँ काम कर जाता है।
उतरे न राम-नाम चित से हमारे कभी,
नर जिसे जप कर भव तर जाता है।
मन से जो जपता है नाम श्रीरामजी का,
सद्य सबकुछ उसका सुधर जाता है।

(8)

किसी भ्रमवश न ये टूटे साधना का क्रम,
चलती रहे आराधना अखंड राम की।
अवसर अनुकूल रहे नित मिलें शुभ,
सुनने को पावन कथायें घनश्याम की।
गाता रहूँ राम के चरित्र ये सदा पवित्र,
झाँकियाँ निहारता रहूँ मैं शोभाधाम की।
जिस घड़ी आयें न जो चित में हमारे राम,
समझो वो नहीं होती कभी किसी काम की।

(9)

राम-पद पंकजों में अपना झुका के शीश,
निजपर राम-कृपा-कर माँगता हूँ मैं।
रोम-रोम राम का ही सतत रहे प्रभाव,
रामजी का प्रेम ही प्रखर माँगता हूँ मैं।
गणपति हरि और शिव जगदम्बिका से,
रामजी की भक्ति का ही वर माँगता हूँ मैं।
शारदे करो प्रदान शुभ सदगुण ज्ञान,
रामजी की वंदना का स्वर माँगता हूँ मैं।

(10)

रघुकुलमणि की उतार छवि निज-उर,
रस लेता रहूँ रामचरित-अथाह से।
गाता रहूँ परम-पुनीत-गीत प्रीति-युक्त,
परम-प्रवीणता के साथ सुप्रवाह से।
काम-क्रोध-मद-लोभ-भय से विहीन रह,
गहूँ लेखनी सदैव भक्ति भरी चाह से।
करूँ यह जीवन सफल साधना सहित,
रामकथा लिख अनवरत उछाह से।

(11)

गुरु-पद-पंकजों को अपना झुका के शीश,
चाहता हूँ संतत आशीष भाव-भक्ति के।
छंद क्षमता विशेष रामकथा कृति हेतु,
सरस पुनीत प्रेममयी अभिव्यक्ति के।
गुणी-महावीर-हनुमानजी से वरदान,
माँगता हूँ सदबुद्धि विद्या और शक्ति के।
सभी संत सत्-पुरुषों से अनुराग अति,
उर में प्रभाव सिया-राम अनुरक्ति के।

(12)

रसना में रख कर राम का पवित्र नाम,
चाहता हूँ प्रभु छवि उर में उतार लूँ।
जप-तप-ज्ञान से विहीन दीन-मतिहीन,
चाहता हूँ इस भाँति जीवन सँवार लूँ।
कामना यही है प्रभु पूजन भजन हेतु,
भारत की धरती में जन्म बार-बार लूँ।
महादेव कृपा कर दीजिये ये वरदान,
भली-भाँति सिया-रामजी को स्वीकार लूँ।

(13)

भारत की विपदा को हर लो हे राम सद्य,
कर दो विनाश दुष्ट वैरियों के दल का।
कायरों को करनी का दे दो परिणाम कटु,
करते जो प्रतिघात ले सहारा छल का।
कर दो समूल विध्वंश अविलम्ब अब,
धरती के भार घनघोर इस दल का।
सुनो राम वसुधा की विकट-व्यथा विशेष,
शासन सुधारो नाथ नभ-जल-थल का।

(14)

आपकी भगति से रहित न रहूँ कदापि,
स्वीकार नहीं ऐसा एक भी निमेष है।
अर्पित आपको है मम तन-मन-धन,
और इस जीवन का जो भी अवशेष है।
नहीं रहा अब कहीं किसी से लगाव रंच,
और नहीं किसी से कहीं भी कोई द्वेष है।
रुचि बनी रहे शुचि पगों में तुम्हारे नाथ,
यही एक कामना ही हिय में विशेष है।

(15)

मित्रघन दुर्मुख विकट प्रतापन व,
भले इन्द्रसुत-दुष्ट-कुमती-जयन्त हो।
महानाद हो सुबाहु या मारीच वज्रदंष्ट्र,
दुष्ट कालनेमि सम कपटी-महन्त हो।
यज्ञकोप वज्रमुष्टि अग्निकेतु या प्रघास,
मत्त रश्मिकेतु या कृशोदरी का कन्त हो।
इस कलियुग में ये बढ़ने लगे हैं फिर,
नाथ! ऐसे पापियों का यथाशीघ्र अन्त हो।

(16)

चरणों में आपके झुकाते हम नाथ शीश,
दीनबन्धु अब हमें अंगीकार कीजिये।
नाथ कीजिये दहन सद्य पातकों का भार,
कृपाकर हमें भवसिंधु पार कीजिये।
सद्गुण भर कर शुद्ध कीजिये चरित्र,
उर में हमारे भक्ति विस्तार कीजिये।
हम तो भटकते रहेंगे यहाँ बार-बार,
हम पर कृपा प्रभु हर-बार कीजिये।

(17)

भोजन-शयन-विश्राम में हुआ व्यतीत,
जीवन का लाभ नहीं धरा-धन-धाम से।
कुंदन-रजत मणि-माणिक व गज-वाजि,
कुछ भी महान नहीं यहाँ सिया-राम से।
उर मे हो कामना प्रबल प्रभु-वन्दन की,
मुझे हो प्रयोजन सदैव हरि-नाम से।
यदि छूटता है जग तो ये छूट जाए अद्य,
पर जुड़ जाए हिय सद्य घनश्याम से।

(18)

यमुना-तरंगिणी का किया निर्मल नीर,
विषधर कालिया को नाथ लिया क्षण में।
वृन्दावन को किया सुरम्य मुद-मोद-मय,
शुचिता सघन है समाई कण-कण में।
गुड़ाकेश को प्रदान किया दिव्य गीता-ज्ञान,
जगत-प्रसिद्ध महाभारत के रण में।
हर लो हमारे हिय के विकार लीलाधर,
करो स्वीकार ले लो हमें भी शरण में।

(19)

देवकी के लाल यशोमति के दुलारे श्याम,
गोपियों के प्यारे रखवारे वृजधाम के।
नन्द के किशोर चितचोर वपुधारियों के,
मोहन मुरारे हे अनुज बलराम के।
भवभय हारी बनवारी असुरारी प्रभु,
परम सहारे प्रभु भक्त-निष्काम के।
हिय में पधारो मति-मानस सुधारो नाथ,
आप हैं हमारे और हम कृपा-धाम के।

(20)

बिना प्रभु-प्रेम के हैं व्यर्थ उपलब्धियाँ ये,
जीत ले भले ही कोई विश्व के समर को।
चाहे करे कोई कोटि अश्वमेध-यज्ञ और,
पा ले देव लोक जीत अधिप-अमर को।
ईश-प्रेम-हीन यदि हिय है तो क्या है लाभ,
रखने का धन-धाम क्षत्र व चमर को।
टूटने न देना पद-पंकजो की प्रीति प्रभु,
रहना लगाये मम मानस-भ्रमर को।

(21)

गोपियों का गोरस तो ग्रहण किया गोविन्द,
नाथ नवनीत मेरे यहाँ कब खाओगे।
आपने बजाई वृन्दावन मुरली-मधुर,
मम हिय कब कान्हा बाँसुरी बजाओगे।
प्रेम से सुदामा दीन को लगाया निज-उर,
माधव मुझे भी कब कंठ से लगाओगे।
आप ने रचाया दिव्य-रास गोपियों के संग,
अपनी कृपा से मुझे कब सरसाओगे।

(22)

तुम बिन चलता नहीं है विधि का विधान,
तुम बिन बढ़ता नहीं है पग काल का।
तुम बिन होता नहीं कुछ भी कहीं सृजन,
अस्तित्व रंच नहीं अंतरिक्ष-जाल का।
धरती-गगन-रवि-शशि व नक्षत्र-लोक,
तुम बिन होता नहीं कुछ भी कमाल का।
ऐसी कृपा करो दीनबंधु दयासिंधु नाथ,
दास बना रहूँ आप जैसे प्रतिपाल का।

अंश-5

(इस अंश मे कुल 11 छंद हैं)

श्रीराघव शरणागति कामना

(अंश परिचय)

जय श्री राम!

"सकृदेव प्रपन्नाय तवास्मीति च याचते।" अर्थात् जो एक बार भी प्रभु की शरण में आकर कह देता है कि 'मैं आपका हूँ', प्रभु उसे अभय कर देते हैं। यह अंश पूरी तरह से 'श्री राघव शरणगति कामना' के इसी परम भाव को समर्पित है। यहाँ भक्त अपने सारे गुण-दोष, मान-अपमान और अस्तित्व को श्रीराम जी के चरणों में सौंप देता है। शरणागति भक्ति की वह पराकाष्ठा है जहाँ भय समाप्त हो जाता है और केवल परम शांति शेष रह जाती है। इन छंदों को पढ़ते हुए आप स्वयं को प्रभु की सुरक्षित और कृपालु छत्रछाया में महसूस करेंगे।

❁❁❁

श्रीराम-शरणागति कामना

(घनाक्षरी छंद)

(1)

मानस महान-वीर-राघव का रहे दास,
उर राम-भक्ति शुचि-धारा से भरा रहे।
विविध-विकारों का न इसमें पड़े प्रभाव,
राम की कृपा से यह सदा निखरा रहे।
राघव की छवि को उतारने में हो सफल,
उर का मुकुर ऐसा साफ-सुथरा रहे।
प्रभु रामजी का वाणी करती रहे बखान,
जब तक रवि-शशि-गगन-धरा रहे।

(2)

कठिन-कुसंगति से मुझको बचाओ राम,
काट दो कठिन-वार काल की कृपाण का।
सतसंग सुमति सुबोध करके प्रदान,
सुपथ सुझाओ नाथ मेरे परित्राण का।
अपनी शरण में लगाओ करुणानिधान,
सुगम बनाओ पथ परम-प्रयाण का।
आप न करोगे नाथ यदि मेरा उपचार,
कैसे बेड़ा पार होगा मुझ म्रियमाण का।

(3)

राम-नाम से है कर रही उर को विभोर,
परम-पुनीत-घड़ी सुंदर ये भोर की।
जपता ही रहूँ प्रभु आपका सुखद-नाम,
मुझ पर छाया न हो कलि-घनघोर की।
कण-कण में विराजते हो आप दीनानाथ,
जानते हो गति भली-भाँति ओर छोर की।
कामना नहीं है शेष अंतर की और कुछ,
कृपा बनी रहे बस अवध-किशोर की।

(4)

हनुमानजी के इष्ट महिमा में हैं विशिष्ट,
जानकी विवाही धनु-अजगव तोड़ के।
कृपा बरसाते सदा हिय हरषाते अति,
जाते नहीं कभी निज-प्रेमियों को छोड़ के।
रघुवीर करुणा-निधान नयनाभिराम,
आप से विनय यही प्रभु कर जोड़ के।
तव-पद-पंकजों में चित को लगाऊँ नित,
जगत-प्रपंच से मैं हर भाँति मोड़ के।

(5)

मानस में मेरे नित कीजिये विहार राम,
चिंतन करूँ मैं सदा आपके स्वरूप का।
वाणी से जपूँ सदैव आपका पवित्र-नाम,
काटूँ यह बंधन विकट-भवकूप का।
नयनों को अपने करूँ सफल अविराम,
पाऊँ दर्शन तव आनन-अनूप का।
करो बस ऐसी कृपा मुझ पर कृपा-धाम,
सेवक रहूँ सदैव आप जैसे भूप का।

(6)

मंगल-आनन्द की प्रदायिनी व सुखमूल,
राम की शरण छोड़ कहीं नहीं जाऊँगा।
प्रभु-पद-पंकजों की पावन ये रज तज,
और कुछ नहीं निज-शीश में लगाऊँगा।
कहीं और मिलता नहीं है ऐसा दिव्यरस,
राम का चरित्र छोड़ कुछ नहीं गाऊँगा।
राम के विरोधियों से रहूँगा सदैव दूर,
राम अनुरागियों को सदा अपनाऊँगा।

(7)

भरता नहीं है रामजी की वंदना से मन,
लगता है लिखता रहूँ ये बार-बार मैं।
मानता हृदय से हूँ रामकथा रस हेतु,
वाल्मीकि तुलसी का बड़ा उपकार मैं।
राम की कथा का करता रहूँ मैं रसपान,
गाता रहूँ जीवन में विविध प्रकार मैं।
राघव की महिमा का करके बखान-प्रिय,
कर जाऊँ इस भव-सागर को पार मैं।

(8)

जीवन को कर लूँ मैं धन्य राम-नाम जप,
पावन सफल प्रभु-राम के प्रसंग से।
राम-अनुरागियों का करूँ मैं सदैव संग,
ज्ञान का प्रकाश पा लूँ दिव्य सत्संग से।
विषयों का भूलकर भी न बनूँ कभी दास,
दूर रहूँ लोभ-मोह-क्रोध व अनंग से।
बस यही चाहता हूँ राम का रहूँ मैं भक्त,
मन व वचन-कर्म काया-अंग-अंग से।

(9)

भक्ति-भाव ही तो है सजीवता का मूल-अर्थ,
जो हैं प्रभु-प्रेम-हीन वो तो हैं मरे हुए।
धन्य उनके हैं भाग्य पुण्य के पवित्र-धाम,
आपकी कृपा से जों हैं भव से तरे हुए।
ध्यान में तुम्हारे ही रहूँ सदैव कृपा-सिन्धु,
रखें रोम-रोम भक्ति-भाव से भरे हुए।
नाथ मम-प्राण जब करें तन से प्रयाण,
रहूँ तव-पद-कंज हिय में धरे हुए।

(10)

लौट-लौट कर रमता है मन रामजी में,
राम की रामायण का पाठ अति भाता है।
और कहीं कितना भी इसको लगाऊँ किन्तु,
पल-भर भी ये कहीं रुक नहीं पाता है।
सुनता है कहीं रामजी का गुणगान यदि,
होकर विभोर रामजी के पद गाता है।
नयनों से झरता है झर-झर-झर नीर,
रोम-रोम पुलकित होके रह जाता है।

(11)

जन-जन के हृदय ज्ञान-भक्ति व विवेक,
गृह-गृह नव-उल्लास चाहता हूँ मैं।
इस धरती से वैर-भाव का शमन सद्य,
भारत का अपने विकास चाहता हूँ मैं।
चाहता हूँ आप को निहारना सतत राम,
निज-उर आपका निवास चाहता हूँ मैं।
दीनबन्धु कीजिये सफल अभिलाषा-मम,
होना तव-चरणों का दास चाहता हूँ मैं।

❁❁❁

अंश-6

(इस अंश मे कुल 15 छंद हैं)

रामायण महिमा

(अंश परिचय)

जय श्री राम!

रामायण (रामचरितमानस) एक महान ग्रंथ होने के साथ साथ जीवन जीने की साक्षात कला और साक्षात राम-रूप ही है। इस विशेष अंश में 'रामायण' महाकाव्य के महत्व, उसकी प्रासंगिकता और उसके पाठ से मिलने वाले अमोघ फल का काव्यात्मक वर्णन किया गया है। रामायण (रामचरितमानस) की चौपाइयाँ और प्रसंग किस प्रकार मानव जीवन के अंधकार को दूर कर उसे प्रकाश की ओर ले जाते हैं, यही इस अध्याय का मूल तत्व है। यह अंश हमें याद दिलाता है कि रामायण (रामचरितमानस) का आश्रय लेने वाला व्यक्ति कभी दिशाहीन नहीं हो सकता।

❋❋❋

रामायण महिमा

(घनाक्षरी छंद)

(1)

सत्यता समाहित रामायण में शब्द-शब्द,
किन्तु मानने को नीच नहीं तैयार है।
जड़ता न गयी रंच जगा भी नहीं विवेक,
पता नहीं किस पाप से हुआ लाचार है।
जीवन के लक्ष्य को तो वह यहाँ गया भूल,
कर रहा अपना ही कैसा बण्टाढार है।
कभी भी न उसको समझ आयेगा ये भेद,
रामकृपा बिन होता नहीं बेड़ा पार है।

(2)

राम की रामायण से किसकी हुई है हानि?
इसके विरुद्ध तो अभद्र मत बोलिये।
गिरिये न धृष्टता की सीमा से अधिक और,
अपनी ही नीचता की पोल मत खोलिये।
स्वयं के दोषों को हटाने का करो प्रयास,
एक बार अपना हृदय भी टटोलिये।
कीजिये सदैव सियाराम का भजन शुभ,
जीवन में अपने गरल मत घोलिये।

(3)

'मानस' जलाना है विरोध हनुमान जी का
महिमा को जिनकी त्रिलोक सारा जानता।
जिसका विनाश आता विधि के विधानवश,
दुर्भाग्य से ही वह रार ही है ठानता।
बोलता है उसके घमंड शीश चढ़कर,
ऐसा खल समझाने से भी नहीं मानता।
सुमति विवेक से विहीन होता है वो नर,
विप्र-गुरु-संत को भी नहीं पहचानता।

(4)

'मानस' का मधुर-मनोहर-सरस-गान
खला है कुपंथियों को खलता रहेगा यूँ।
न्यून नहीं होगा कभी मानस का दिव्य-यश,
चलता रहा है और चलता रहेगा यूँ।
जैसा कर्म वैसा भोगना पड़ेगा यहाँ फल,
मानस जलाने वाला जलता रहेगा यूँ।
करेगा दशानन की भाँति अपना विनाश,
तथा परिजनों को भी दलता रहेगा यूँ।

(5)

करता हूँ 'मानस' परायण मैं प्रतिदिन,
देखता हूँ चहुँ ओर मानस के बल को।
मानस की महिमा को जानता है जन-जन,
वैसे ये समझ नहीं आती किसी-खल को।
राम के सनेही हनुमान की है ये भनिति,
जिन्होंने जलाई लंका जीत के अनल को।
ध्वंशकों को मानस-दहन का मिलेगा फल,
यदि आज नहीं निश्चित है ये कल को।

(6)

'मानस' विरोध में जो कर रहा ऐसा शोर
उस ने किया न कभी इस पर शोध है।
मानस ने सबको सुझाया भक्ति-ज्ञान-पंथ,
इसमें कहीं नहीं किसी का भी विरोध है।
मानस को अपनाके कौन न हुआ महान,
मानस से कटता कठिन अवरोध है।
वायसभुसुण्डि करते हैं इसका ही गान,
मानस-महान-दिव्य सरस-सुबोध है।

(7)

सदा मानते हैं तुलसी का उपकार हम,
जिन्होंने हमारे लिए 'मानस' उतारा है।
राम का चरित पहुँचाया जन-जन तक,
हम जैसे पापियों का जीवन सुधारा है।
सुर-नर-मुनि सदा जिसका करें बखान,
कोटि-कोटि प्राणियों को जिसने उबारा है।
कामधेनु और कल्पवृक्ष के समान सिद्ध,
'मानस' पवित्र हमें प्राणों से भी प्यारा है।

(8)

'मानस' की ताल संग नाचता है उर जब
तन-मन में महा-आनन्द भर जाता है।
कलि के कराल-कर काँप उठते तब,
पापों का समूह सुन सारा डर जाता है।
कटते हैं कठिन-कुयोग सभी जीवन के,
भवसिंधु घोर जीव पार कर जाता है।
'मानस' की महिमा असीम कहाँ तक कहूँ,
'मानस' के संग से मनुज तर जाता है।

(9)

रच कर रखा जिसे शिवजी ने मानस में,
अवसर पर अम्बेमाता को सुनाया था।
वायसभुसुण्डि ने गरुड़ के समक्ष जिसे,
शुद्ध-भक्ति भरे भाव से सप्रेम गाया था।
याज्ञवल्क्य जैसे मुनि-ज्ञानी से प्रयाग पर,
भरद्वाज महामुनि ने भी इसे पाया था।
ऋषि-वाल्मीकि ने विशेष तप साधना से,
परम-पवित्र यह 'मानस' बनाया था।

(10)

अपने तो प्राण बसते हैं बस 'मानस' में,
और यही 'मानस' है सबकुछ अपना।
जल जायेंगे स्वतः 'मानस' जलाने वाले,
उनका साकार होगा कभी भी ना सपना।
ऐसा अपराध करते हैं ईशभक्ति-हीन,
जिनके है जीवन में कोई जप-तप ना।
अपयश का किरीट शीश इनके चढ़ेगा,
छोड़ देगी जीवन की बेल भी पनपना।

(11)

तुलसी की लेखनी में खोट दिखता हो जिसे,
'मानस' के प्रति मान नहीं जिस जन में।
देवी-देवताओं का करे जो अपमान और,
आस्था न जिसे सीता-राम वा लखन में।
करे जो सनातन का परिहास निशिदिन,
सन्त के विरुद्ध दुर्भावना हो मन में।
उनको न अपना हितैषी मान लेना कभी,
होता है विशेष-विष ऐसे दुर्जन में।

(12)

पावन परम मधुमास के मधुर दिन,
इन्हें हरि-नाम-जप-ध्यान में लगाइये।
लीजिये आनन्द प्रतिपल भक्तिभावना का,
'मानस' मधुर जन-जन को सुनाइये।
लोक-परलोक साध लीजिये सरलता से,
विषयों में व्यर्थ मत समय गँवाइये।
सत्संग कीजिये सतत सद्भावना से,
जीवन को सुंदर व पावन बनाइये।

(13)

प्रबल-प्रभाव-परिपूर्ण प्रिय-पावनी व,
दुख-द्वंद्व सकल-त्रिताप-पाप-हारिणी।
ज्ञान वा विवेक का अगम-शुचि-स्रोत-सिद्ध,
मुद-मोद दायिनी व कल्याण-कारिणी।
कलि की कलुषता समूल-सद्य-नाशिनी व,
दिव्यता-प्रदायिनी व भव-सिन्धु-तारिणी।
भक्ति-रस-गंगा भरी तुलसी के छंद-छंद,
महिमामयी व हरि-हृदय-विहारिणी।

(14)

हरि-कथा हरती है व्यथा हर-मानव की,
ईश्वर के प्रति अति प्रीत भर देती है।
करती है उर को प्रदान ये विशेष-रस,
जीवन को परम-पुनीत कर देती है।
कभी नहीं होता है ग्रसित व्याधियों से नर,
दुख से बचाव की ये भीत धर देती है।
साधन है भव-सिन्धु तरने का ये अमोघ,
सुख-शांति ये गहन घर-घर देती है।

(15)

पापियों से वसुधा व्यथित होगी जब-जब,
हरने को धरती का भार राम आयेंगे।
वाल्मीकि तुलसी लिखेंगे राम का चरित्र,
भाव में विभोर होके जन-जन गायेंगे।
याज्ञवल्क्य, वायसभुसुण्डि, महादेव आदि,
भरद्वाज, गरुण, सतीजी को सुनायेंगे।
बंद नहीं होंगे रामजी की वंदना के गीत,
युगों से हैं गाये गये और गाये जायेंगे।

❁❁❁

अंश-7

(इस अंश मे कुल 3 छंद हैं)

निषेध

(अंश परिचय)

जय श्री राम!

धर्म की स्थापना के साथ-साथ अधर्म के प्रति सचेत करना भी श्रेष्ठ साहित्य का धर्म है। इस अंश में उन तत्वों, प्रवृत्तियों और विचारों की बात की गई है जो रामायण, प्रभु श्रीहरि और उनके भक्तों के विरोधी हैं। कुतर्क करने वाले, श्रद्धाविहीन और प्रभु की सत्ता को चुनौती देने वाले हरि-विरोधियों की मानसिकता को यहाँ रेखांकित किया गया है। यह अंश समाज को सचेत करता है कि ईश्वर और भक्ति का विरोध अंततः पतन का कारण बनता है, इसलिए ऐसी प्रवृत्तियों से दूर रहना ही श्रेयस्कर है।

❁❁❁

निषेध

(घनाक्षरी छंद)

(1)

कभी भी जो राम के लिए लगाते नहीं भोग,
उनके लिये पकाते कभी जो पुए नहीं।
जिन्होंने प्रभू के लिये किया नहीं दीपदान,
प्रभू के पवित्र पद-पंकज छुए नहीं।
उर में न अपने उतारते जो राम-छवि,
प्रभु-चरणों में अश्रु जिनके चुए नहीं।
कैसे भला ऐसे जनों को लगायें निज-उर,
ये तो आज तक कभी किसी के हुए नहीं।

(2)

गूँजते नहीं हों जिस गृह रामजी के गीत,
तुलसी के तरु जहाँ न लगाये जाते हों।
झाँकी रामदरबार की न सजे जिस धाम,
शंख और घंटा जहाँ न बजाये जाते हों।
जहाँ पर साधुओं के पड़ते न हों चरण,
न ही शुभ आचरण अपनाये जाते हों।
'ठाकुर प्रसाद' वहाँ जाना ही नहीं उचित,
जहाँ न चरित्र रामजी के गाये जाते हों।

(3)

होती न हो आरती जहाँ पै रघुनाथ जी की,
गंगाजी के जल का जहाँ न अनुपान हो।
अतिथि का आदर न होता हो कभी भी जहाँ,
जननी जनक का जहाँ न कुछ मान हो।
हरि-हर जी का जहाँ चलता न हो प्रसंग,
गौरी व गणेश का जहाँ न प्रणिधान हो।
त्याग देना उचित रहेगा ऐसा घर-गाँव,
रामजी की महिमा का जहाँ न बखान हो।

अंश-8

(इस अंश मे कुल 56 छंद हैं)

उद्बोधन

(अंश परिचय)

जय श्री राम!

सुप्त चेतना को जगाना और आत्मज्ञान की ओर अग्रसर करना ही 'उद्बोधन' है। इस अंश के माध्यम से पाठकों को जीवन की नश्वरता, धर्म के मार्ग पर चलने की प्रेरणा और एक कल्याणकारी सुझाव दिया गया है। ज्ञान और वैराग्य से युक्त ये छंद मनुष्य को मोह-माया के बंधन से मुक्त होकर सत्कर्म और नाम-सिमरण की ओर बढ़ने का संदेश देते हैं। यह अंश जीवन पथ पर भटके हुए राही के लिए एक मार्गदर्शक और दीपस्तंभ की भाँति कार्य करता है।

उद्बोधन

(घनाक्षरी छंद)

(1)

धरा की ये संपदा न जायेगी तुम्हारे साथ,
छूट जायेंगे सदन लाख व करोड़ के।
छोड़ेगा न विकराल काल किसी हाल पर,
रख देगा पल-भर में ही वो मरोड़ के।
कितने भी कर लो प्रयास किंतु मानो बन्धु,
मिलता नहीं है सुख रामजी को छोड़ के।
भटकों न जग में सजग रहो प्रतिपल,
रखो प्रभु चरणों से मानस को जोड़ के।

(2)

त्याग कर कुटिल कुसंग करिये सुसंग,
स्वयं को प्रथम बचाइये पतन से।
मिलता नहीं है बार बार उपहार यह,
जीवन को रखिये सँभाल के जतन से।
मरा-मरा जप के हुये महान वाल्मीकि,
कौन नहीं तरा भव राम के भजन से।
मुक्त हुये जीवन मरण से वो सभी जन,
जो भी गये राम की शरण तन-मन से।

(3)

यदि इस समय जो समझे नहीं विशेष
तब ये समझ लो बहुत पछताओगे।
चूक गये अवसर यदि जो प्रमाद-वश,
सत्य है ये तथ्य तब कुछ नहीं पाओगे।
करनी को अपनी तो आप कहोगे उचित,
उलटे ही सारा दोष विधि पै लगाओगे।
कहने का अभिप्राय अपना यही है बस,
अभी नहीं तो ये राम-गुण कब गाओगे?

(4)

वेद-सद्ग्रंथ-प्रतिपंथ से प्रमाणित है,
ध्यान दीजिये जी मेरे इस अनुरोध में।
अन्यथा न लेना देख लेना ये विचार कर,
तथ्य रख लेना शुद्ध स्वयं प्रबोध में।
ऋषि-मुनि-विज्ञ संत व महंत का है मत,
सिद्ध है प्रसिद्ध यह ज्ञानियों की शोध में।
प्राणी के पतन का प्रमाण है प्रबल यह,
वाणी बोलने लगे जो राम के विरोध में।

(5)

मुखपोथी से मैं धीरे-धीरे हो रहा हूँ दूर,
इस पर जाने क्यों भरोसा कम हो गया।
पहले के जैसा अब नहीं रहा अनुराग,
आधे से अधिक अब वो ख़तम हो गया।
राम-अनुरागियों के लिये डालता हूँ छंद,
ऐसा ही ये प्रतिदिन का नियम हो गया।
लिखने को देश, वीर, प्रभु-महिमा-विशेष,
यही मेरा करम यही धरम हो गया।

(6)

जनवरी जपकर राम को करो व्यतीत,
फ़रवरी फिर-फिर राम-गुण गाइये।
मार्च में मचा दो राम-नाम की परम-धूम,
अप्रैल अपनों को राम से मिलाइये।
मई में मधुर रामनाम -कीर्तन कर,
जून में जतन से रामायण सुनाइये।
जोड़िये जुलाई में सविधि रामजी से चित,
आकर अगस्त रामधाम में बिताइये।

(7)

सुखद-सितम्बर में सीताराम को निहार,
और अक्टूबर में अवधेश ध्याइये।
माह में नवम्बर के नाम रामजी का रट,
दिनों में दिसम्बर के दिव्य बन जाइये।
इस भाँति वर्ष का प्रयोग कीजिये विशेष,
दूसरों को इसका महत्व समझाइये।
जीवन में इससे बड़ा नहीं है कोई कर्म,
तन-मन-वचन से इसे अपनाइये।

(8)

पावन-प्रयाग की है महिमा महान-अति,
विविध-पुराणों ने सुसत्य यह टेरा है।
विवुध-विशेष ब्रह्मा-हरि व महेश जी का,
लगता ही रहता सदैव शुभ फेरा है।
करने से यहाँ स्नान-जप-तप-ध्यान,
पुण्य प्राप्त होता नित परम-घनेरा है।
किन्तु करने को कलुषित ये पवित्र-थल,
कुछ ढोंगियों ने यहाँ डाल रखा डेरा है।

(9)

शारदे के वंदन से रसना रसीली कर,
गाइये विविध-पद्य देव-एकदंत के।
आइये बनाइये विशिष्ट-जीवन-विधान,
ध्याइये कमलपद गिरिजा के कंत के।
सतसंग कीजिये प्रसंग हरिजी के कह,
गह के चरण गुरू-सिद्ध मुनि-संत के।
जप कर पावन परम रामनाम शुभ,
कर लीजिये सफल दिवस-बसंत के।

(10)

व्यर्थ के अलाप व प्रलाप से नहीं है लाभ,
शान्त हिय कर सिय-राम गुण गाइये।
समय का कीजिये सदैव सद्-उपयोग
जीवन का लाभ इसी युक्ति से उठाइये।
विषयों के वशीभूत रहिये न बन्धुवर,
अन्दर की दिव्य ज्योति ध्यान से जगाइये।
गुणी और ज्ञानियों के संग का करें प्रयास,
सुधी-साधु-संतों की शरण अपनाइये।

(11)

कोई रूप-रंग नही भरता उमंग अंग,
राम का प्रसंग है निराला बस जग में।
करता नहीं है कोई पाप-ताप का दहन,
हरता नहीं है भार जीवन के मग में।
रहता है राम का वरद-हस्त सब पर,
पशु-नर-वानर व भालु-मृग-खग में।
सब छोड़ गहो सिया-राम की शरण-शुभ,
कीजिये भरोसा रामजी का पग-पग में।

(12)

राम-गुणगान पर प्रथम धरो जी ध्यान,
भूल कर जगत प्रपंच सब मन से ।
बस सियाराम पर रखिए भरोसा-दृढ़,
कभी कुछ आस मत करो किसी जन से।
तन-मन-धन से पड़ो जी राम की शरण,
वाणी को भरो सुखद राम के भजन से।
यही है परम इस जीवन का पुरुषार्थ,
सुधरो जी भजो सिया-राम को लगन से।

(13)

चैत्र-मास चित्त को लगाओ राम-चिंतन में,
वैशाख हो व्यतीत रामगुण गाने में।
ज्येष्ठ में जगाओ ज्योति रामभक्ति-भावना की,
समय-अषाढ़ अनुराग उमगाने में।
श्रावण में श्रवण करो सुखद रामकथा,
शक्ति शुचिता से युक्त जीवन बनाने में।
भाद्रपद भ्रमण करो जी रामेश्वरधाम,
अश्विन आनंद है अवधपुरी जाने में।

(14)

कार्तिक करो कठोर साधना नियम बाँध,
मार्गशीर्ष मार्ग-सत्संग-वाला जाइये।
पौष में पवित्र व प्रखर करो भक्ति-भाव,
माघ में मधुर मंजु-मानस को गाइये।
फागुन में फलों का ही कीजिये आहार-शुद्ध,
बनिये प्रबुद्ध रामजी को अपनाइये।
इस-भाँति सम्वत समस्त कीजिये सफल,
करिये प्रयोग स्वजनों को समझाइये।

(15)

जग की जटिलता को जानते हैं जोगी-जन,
जागो जुड़ो जोगियों से जोग व जतन से।
जगजननी की जय-जय-जयकार करो,
जपो जगदीश्वर को मन व वचन से।
जान्हवी का जलपान जनम-जनम करो,
जज्ञ-ज्योति को जलाओ जगती में मन से।
जीवन को जुद्ध ज्वाल-जाल से जलाओ जनि,
जुग-जुग जियो जयी-जीवन यजन से।

(16)

भूल गये परम-प्रगति का पुनीत-पथ,
भव की भँवर में भटक भार ढोते हो।
भ्रमित हो भ्रात भागते हो भक्ति-भजन से,
विषयों के विष से स्वयं को भिगोते हो।
इसमें किसी का कहीं कुछ भी नहीं है दोष,
निज कर्मों के वशीभूत हो के रोते हो।
उर में हिलोरे ले रहा है तृष्णा का ज्वार,
जागे नही सपनों से ग्रसित हो सोते हो।

(17)

परम-प्रगति का पुनीत-पथ पाना है तो,
परित्याग प्रथम पिशुनता का कीजिये।
प्रभु-पद-पंकजों की प्रीति को प्रगाढ़ कर,
परमात्मा-प्रतीति का पीयूष पीजिये।
पढ़िये प्रसंग परमार्थ के प्रसन्नचित्त,
प्राणियों में प्रेम का पवित्र-प्रण लीजिये।
प्रतिदिन पूजिये प्रमुखता से पितुपाद,
प्रथम-प्रहर पाठ-पावन में दीजिये।

(18)

विषयों के विष से विलग रहिये विशेष,
बच-बच चलो अवगुण एक-एक से।
वचनों को बोलिये तो घोलिये मधुर-रस,
उर खोलिये उदारता के अतिरेक से।
बंधुओं को बँटने बिखरने न देना कभी,
बनिये विबुध-बड़े मिल के अनेक से।
वासुदेव वंदन में वाणी को लगाओ बंधु,
बार-बार बल-बुद्धि विमल-विवेक से।

(19)

उर हो अशांत कभी, रहो कुछ पल मौन,
इधर-उधर के विचार छोड़ दीजिये।
जाइये एकांत बैठ प्रभु को झुका के शीश,
मानस को अपने उन्हीं से जोड़ दीजिये।
हरि-नाम जपिये सहस्त्र-बार बन्धुवर,
चेतना को अपनी इसी में मोड़ दीजिये।
इससे सरल और नहीं है उपाय-अन्य,
इस भाँति व्यग्रता का जाल तोड़ दीजिये।

(20)

एक आशुतोष की शरण छोड़ प्रतिपल,
जिसके न अर्चना की दूसरी-विधा रही।
तन-मन से जो भजता है शिवजी को नित,
जीवन में उसके कभी न दुविधा रही।
वसुधा में भक्ति-सुधा-रस उपभोग कर,
वही है विभूति शिवलोक को सिधा रही।
इस-लोक उस-लोक देव-लोक शिव-लोक,
हरि-हर-लोक उसको ही सुविधा रही।

(21)

कलिकाल में न जाने कौन कैसा बन जाये,
आज का समाज है कठिन क्रूर हो रहा।
रामनाम का विरोध करना ही गौरव है,
ऐसा भाव बहुतों में भरपूर हो रहा।
किसको कहें महान किसको कहें असंत,
प्रेम-परिवेश सब चूर-चूर हो रहा।
एक संत दूसरे को झूठा जो बताने लगे,
समझो धरा से है धरम दूर हो रहा।

(22)

देख दसभाल निज-वाणी को सँभाल सठ,
अन्यथा गला-तला कला में फट जाएगा।
बोला यदि बोल प्रभु-राम के विरुद्ध अब,
जीवन का पोत पल में पलट जाएगा।
काम कुछ आयेगा न राम की कृपा के बिन,
बल व प्रताप तेरा सारा घट जाएगा।
सुधरा न आज तो समझ लेना दैत्यराज,
कल ये कलेवर-कुटिल कट जाएगा।

(23)

करेगा घमंड तो मिलेगा ही प्रचंड-दंड,
खंड-खंड होके पल में बिखर जायेगा।
यदि किया राम की शरण का वरण शुभ,
शुद्ध आचरण से यहाँ निखर जायेगा।
पायेगा अनंत इस जीवन में शान्ति-सुख,
भक्ति-शक्ति और मुक्ति के शिखर जायेगा।
धरा पै ही धरा रह जायेगा ये धन-धाम,
संग ये समझ पुण्य ही प्रखर जायेगा।

(24)

राम से है वैर तो न खैर अपनी समझ,
गैर नहीं रामजी तो अपने हैं मान ले।
तैर जायेगा ये भव-सिंधु बिना ही प्रयास,
पकड़ के पैर रामजी के यह ठान लें।
राम के बगैर मिलती नहीं है शुभ-गति,
करनी पड़े न सैर योनियों की जान ले।
मत कर देर अब हेर राम की शरण,
बेर बेर राम टेर पुण्य तू महान ले।

(25)

सुधियों की लेखनी करेगी राम-गुणगान,
पढ़-पढ़ बड़भागी आनंद मनायेंगे।
अखिल-जगत जन-जन कल्याण हेतु,
एक दूसरे को भक्ति-भाव से सुनायेंगे।
जीकर सहर्ष शतवर्ष-उत्कर्ष-युक्त,
जीवन को अपने सफल वो बनायेंगे।
अर्थ-धर्म-काम और मोक्ष दिव्यता-अनंत,
स्वयं ही राम-रागियों को अपनायेंगे।

(26)

जानना था जिनको वो जान गये रामजी को,
जिन्होंने न जाना कभी जान नहीं पायेंगे।
लाख समझाओ किन्तु कुछ लोग ऐसे भी हैं,
निज बाप को भी पहचान नहीं पायेंगे।
मर जायेंगे वो श्वान जैसे भौंक-भौंक कर,
जीवन का सुंदर विधान नहीं पायेंगे।
करेंगे जो राम का विरोध दुर्भाग्यवश,
कभी मान और सम्मान नहीं पायेंगे।

(27)

निम्न तो नहीं हो किन्तु अब हो रहे हो बन्धु,
राम व सनातन का यूँ विरोध कर के।
इसके लिये तो मात्र आप ही हो ज़िम्मेदार,
सोच लो जी एक बार हाथ हिय धर के।
रंच भी तुम्हें दिखाई पड़ते नहीं हैं गुण,
गुणी महापुरुषों व वेद हरि-हर के।
यदि यही करने में जीवन लगाओगे तो,
घाट के रहोगे न रहोगे आप घर के।

(28)

अल्ल-गल्ल खाना छोड़ सादा ही करो ग्रहण,
तन और मन दोनों पावन बनाइये।
पढ़िये सदैव सत-संस्कृति के सुपाठ,
अपने स्वभाव को सुहावन बनाइये।
बंजर न कीजिये कुमति व कुसंग-बस,
जीवन को हरा-भरा सावन बनाइये।
रामजी का करिये भजन व चरित्रगान,
अपना आदर्श मत रावन बनाइये।

(29)

भले ही करा दो उद्यान-वाटिका-भ्रमण,
बहुतों को कहीं मधुमास नहीं दिखता।
जिनकी हुई हो राम के विरोध की प्रकृति,
रामजी का उन्हें इतिहास नहीं दिखता।
कितना भी कर ले प्रयास कोई बन्धुवर,
उल्लुओं को कभी भी प्रकाश नहीं दिखता।
वैसे ही हमारे कुछ देश के निवासियों को,
भारत का अपने विकास नहीं दिखता।

(30)

करोगे विरोध जो सनातन का इस-भाँति,
सच कहता हूँ आप कुछ नहीं पाओगे।
घर के रहोगे न रहोगे आप घाट के भी,
कैसे आप अपना ये आनन दिखाओगे।
तुमको बहुत भारी पड़ेंगे ये कटु-बोल,
करनी पै अपनी बहुत पछताओगे।
आ गये हो राजनीति में तो इस बार आप,
देखना दोबारा अब कभी-नहीं आओगे।

(31)

दाम भी जरूरी धन-धाम भी जरूरी है तो,
संत-गुरु-जनों को प्रणाम भी जरूरी है।
जाम भी जरूरी है आराम भी जरूरी है तो,
इन्द्रियों पे रखना लगाम भी जरूरी है।
चाम है जरूरी तामझाम भी जरूरी है तो,
सुबह व शाम प्राणायाम भी जरूरी है।
काम भी जरूरी और वाम भी जरूरी है तो,
जीवन में लेना राम-नाम भी जरूरी है।

(32)

गीता की ही मानिये न सुनिये किसी की कुछ,
एक बार ध्यान में उतर कर देखिये।
जीवन में कुछ न रहेगा शेष दुख-द्वन्द,
अपने को ज्ञान में प्रखर कर देखिये।
कीजिये न संगति अधम की विशेषकर,
सतसंग हो वहाँ विचर कर देखिये।
अपने को कभी भी बनाओ न पतित अति,
अंध अभिमान से निखर कर देखिये।

(33)

वैभव-विशेष यश-शक्ति भी जो हो अगाध,
मिल जाये लाभ भी जो भूप बन जाने का।
कल्पवृक्ष कामधेनु भी जो लग जाये हाथ,
मिले यदि बल भी त्रिलोक को चलाने का।
लग जाये देवता-समूह चूमने चरण,
सुधा-घट करे काम तृषा को मिटाने का।
राम-पद-पंकजों के प्रति जो नहीं है प्रीत,
तब नही अर्थ कुछ यह सब पाने का।

(34)

सदा से बताते आये वेद शास्त्र व पुराण,
साधु-संत पीर व फ़क़ीर वली-औलिये।
कीजिये सदैव सियाराम जी का गुणगान,
वाणी से सदैव राम-नाम-रस घोलिये।
नैनों से निहारिये स्वरूप रामजी का नित,
प्रभु के समक्ष उर के कपाट खोलिये।
रामजी का कीजिये भजन सबसे प्रथम,
रामजी के ध्यान में मगन हो के डोलिये।

(35)

बावरे न बनना बसंत की बहार-वश,
होके व्यस्त विषयों के विविध-विलास में।
सुनकर मोरनी के मधुर-मधुर-बोल,
मन न मनोज से मिलाना मधुमास में।
हर-पल हिय को लगाना हरि-हर और,
योग ध्यान-जप-तप व्रत-उपवास में।
कर लेना सुखदाई सिया-राम का भजन,
उपवन-मध्य बैठ हरी-हरी-घास में।

(36)

भले न सनातन को अंगीकार करें आप,
किन्तु उत्पन्न अवरोध मत कीजिये।
प्रजा की प्रगति का है प्रमुख आधार यह,
इस पर निराधार शोध मत कीजिये।
आपसे विनय करता हूँ हाथ जोड़कर,
कृपा कर इस पर क्रोध मत कीजिये।
जयभीम बोलिये हजार बार किन्तु बन्धु,
प्रभु श्रीराम का विरोध मत कीजिये।

(37)

रामजी ने रचना रची है कैसी चहुँ ओर,
छायी है बसंत ऋतु सुखद सुवास की।
उर में उमंग उमगाइये अनन्त आप,
इसमें झलक देख राम के प्रवास की।
गाइये चरित रामजी का होके निष्काम,
लेकर शरण-शुचि संत-सहवास की।
प्रभु के मनन में बिताइये सुहाने दिन,
सही उपयोगिता है यही मधुमास की।

(38)

विषयों का कीजिये विशेष-त्याग बन्धुवर,
मन से मनन मत कीजिये मदन का।
रसना को रखिये रमाये रामनाम पर,
रस लीजिये जी बस राम के पदन का।
मंजु मधुमास में मनाइये महोत्सव,
करके भजन भ्रात! करुणासदन का।
जीवन को धन्य कर लीजिये अनन्य आप,
दरसन कर सियाराम के वदन का।

(39)

सुरभि से सिंचित हो बहने लगा समीर,
फैल गया ऋतुराज दिग व दिगंत में।
प्रभुकी आराधना का यही है उचित-काल,
मन को लगाना बस सियाजी के कंत में।
शुभ राम-नाम छोड़ धरा-धन-धाम आदि,
जाता कुछ नहीं साथ जीवन के अंत में।
सत्य को समझने का करना सदा प्रयत्न,
साधना से स्वयं को साधना बसंत में।

(40)

हुई न आनंद अनुभूति कभी पल-भर,
कब हुआ तृप्त नर धरा-धाम-कोष से।
तभी इस जीवन में मिलती है सुख-शान्ति,
होता है मनुज जब युक्त संतोष से।
मुक्त होना चाहते हो यदि विघ्न-बाधा और,
व्यर्थ के अनर्थ शूल-दंड दुख-दोष से।
पातकों के सकल-समूह कीजिये विनष्ट,
सियाराम नाम के सुखद-जयघोष से।

(41)

विषयी-विलासियों की उर की बढ़ाने व्यथा,
विरही बेचारों को सताने यह आया है।
चार-दिन-जीवन में होते हैं बसंत-सम,
सत्य इस तथ्य का जताने यह आया है।
कुछ को लगाने शुचि-साधना सुयोग में तो,
कुछ को इन्हीं से उकताने यह आया है।
जीवन को सुरभित करो लेके राम-नाम,
मधुमास आपको बताने यह आया है।

(42)

साधना से स्वयं को कीजिये पवित्र बन्धु,
थोड़ा जप-तप-उपवास कर लीजिये।
भोग व विलास में बिताये अब-तक दिन,
भव तरने का भी प्रयास कर लीजिये।
इस क्षणभंगुर जगत का भरोसा नहीं,
सब छोड़ रामजी की आस कर लीजिये।
बार-बार बात ये बताते सभी साधु-संत,
वेदों की है वाणी विश्वास कर लीजिये।

(43)

काम-क्रोध कलह-कलुषता कपट-क्लेश,
कल्मष-काया-कष्ट कसक कराल से।
कुमति कलंक कटुता कुटिलता कठोर,
कठिन कुयोग कुकरम-विकराल से।
राम का भजन-ध्यान-सुमिरन ही है एक,
साधन-सुगम बचने का कलिकाल से।
कृपाकरो करुणानिधान कह-कह कर,
विनय-विशेष करो रामजी-कृपाल से।

(44)

प्रथम, प्रभात में प्रणाम प्रभुजी को कर,
प्रभु-पद-प्रीति से हृदय सरसाइये।
रहिये प्रसन्नचित्त जीवन में प्रतिपल,
सब में सदैव प्रेम-रस बरसाइये।
छोडिये सकल दन्द-फंद छल-छंद आदि,
इस भव-फन्द में न निज को फँसाइये।
सुनिये सुजन-संग रघुनाथ के चरित्र,
सुरति में सदा सिया-राम को बसाइये।

(45)

राम के विरोध से प्रबोध का है होता नाश,
यह शोध श्रषि-मुनियों ने देखा कर के।
चाहते हो यदि उदबोध तो है अनुरोध,
रामजी को जपिये जी ध्यान में उतर के।
खोलिये कपाट हिय के जी बोलिये सदैव,
राम-सियाराम जय-राम जिया भर के।
समय का सुंदर यही है सही उपयोग,
छोड़ दो प्रसंग बन्धु इधर-उधर के।

(46)

करने में राम का विरोध रहते हैं रत,
कुकृत ये उनका अक्षम्य निन्दनीय है।
राम के चरित का बखान करते हैं जोभी,
कोई भी हो जग में वही तो वन्दनीय है।
वाणी वही होती शुचि रटती जो राम-नाम,
कही जाती जगती में वही कमनीय है।
मानस में कविवर ने लिखा है यही मत,
कलिकाल में विशेष अनुगमनीय है।

(47)

दिन-रात पाप में बिताते हैं जो निज-काल,
कलिकाल उनके ही शीश में समाया है।
करने में चूकते नहीं हैं राम का विरोध,
उन पर ऐसी पड़ी कलियुगी-छाया है।
मानते नहीं है सद्ग्रंथ -सदपंथ-रंच,
जगत-प्रपंच करना ही जिन्हें भाया है।
करने को सावधान उन नीच-प्राणियों को,
धरती में धर्मरूपी 'मानस' ये आया है।

(48)

राम के चरित्र में जो ढूढ़ते हैं नित्य दोष,
सच पूँछों उनकी तो मति गयी मारी है।
राम के समान नहीं हुआ कभी कोई नर,
सीता के समान नहीं हुई कोई नारी है।
वही करता है सिया-राम का विरोध-अति,
जन्मजात होता जो भी नर व्यभिचारी है।
सब को दिखाने सत-पंथ आते ही हैं संत,
मानो या न मानो बन्धु मरजी तुम्हारी है।

(49)

वंदना के पावन-प्रसून कीजिये ग्रहण,
तव पद-पंकजों में भाव से चढ़ाता हूँ।
महिमा तुम्हारी-दिव्य लिखने के लिये राम,
लेखनी की ओर निज-हस्त को बढ़ाता हूँ।
आपके भरोसे रघुनाथ ये पवित्र-काज,
करने को नित छंद गढ़ता गढ़ाता हूँ।
लिपिबद्ध करने के पश्चात प्रति-कृति,
पढ़ता हूँ और प्रिय-जनों को पढ़ाता हूँ।

(50)

चलने से प्रतिकूल राम के समझ लेना,
जीवन में आती नहीं घड़ी -अनूकूल है।
उर को सुलभ नहीं होता कभी भी प्रमोद,
सुमन भी शालता सदैव बन शूल है।
रामकी कृपा के बिना हिलता नहीं है कण,
प्रभु की शरण ही तो सर्व-सुख-मूल है।
यदि यह तथ्य तुम्हें लगता नहीं है सत्य,
तब तो तुम्हारी यह बड़ी-भारी-भूल है।

(51)

राम-काज में है बाधा बनने की चाह यदि,
जीवन में आधे का भी आधा नहीं पाओगे।
भले मिल जाये तुम्हें कोष भी कुबेर का तो,
उसका बगैर सुख भोगे मर जाओगे।
कुल में कलंक का बनोगे प्रतिमान-दृढ़,
अपना सुयश धन धाम भी गँवाओगे।
अवसर हाथ से निकल जाने पर बस,
अन्त में पटक कर शीश पछताओगे।

(52)

राम-अनुरागियों से रखना विशेष-द्वेष,
प्रभु-राजाराम को कभी भी नहीं भाता है।
खिलता नहीं है कभी उसका सुयशकोष,
जीवन में कभी सुख-शांति नहीं पाता है।
जीवन का नहीं कर पाता कभी उपयोग,
सभी सज्जनों के चित से उतर जाता है।
पथ से भटक जाता है वो इस भाँति और,
वापस कभी भी इस ओर नहीं आता है।

(53)

भोर की घड़ी में भज परम-पवित्र-नाम,
हरि के सुखद चरणों का ध्यान धरिये।
उर में बसा के छवि कमलेश की अनूप,
निज-काज-सिद्धि हेतु प्रस्थान करिये।
रहिये प्रसन्न प्रतिपल इस विधि नित्य,
अंतर में अपने ये दिव्य-ज्ञान भरिये।
छोड़ कर जग-अवलम्ब अविलम्ब बन्धु,
भव-सिंधु बिना किसी भी विधान तरिये।

(54)

किया नहीं जीवन में कभी भी अनीति यदि,
तब तो समझ लो महान-यज्ञ हो गया।
जिसने भी भज लिया प्रभू का पवित्र-नाम,
जीवन में अपने वो मर्मज्ञ हो गया।
किया जिसने ये कृत्य उसकी तो हुई क्षेम,
साथ में जगत उसका कृतज्ञ हो गया।
उलटा भी जप लिया जिसने भी राम-राम,
बाल्मीकि तुलसी सा सर्वज्ञ हो गया।

(55)

रजनीश करता है शीतल सकल-जग,
रजनी में वसुधा को अमिय पिलाता है।
लहराता सिन्धु सदा लेकर अगाध-नीर,
मारुत भी अपने जो विजन डुलाता है।
मार्तण्ड भरता जो परम-प्रकाश नित्य,
अनल अनेक-भाँति जलता जलाता है।
इतने अनंत-अंतरिक्ष की विशालता को
बस एक राम का प्रताप ही चलाता है।

(56)

चहुँ-दिशि-विदिशि है रामजी का ही प्रभाव,
किन्तु मतिमूढ़ यह सत्य नहीं मानते।
समझाने पर भी समझते नहीं कदापि,
जीवन का सही उपयोग नहीं जानते।
प्रेरित हैं कलि के प्रकोप से विशेष कर,
बार-बार करना विरोध ही हैं ठानते।
होता नहीं सब को सुलभ यह शुद्ध-ज्ञान,
मत ये प्रधान गुणवान हैं बखानते।

❁❁❁

अंश-9

(इस अंश मे कुल 9 छंद हैं)

प्रकीर्णक

(अंश परिचय)

जय श्री राम!

साहित्यिक सृजन के दौरान कई बार भावों का प्रवाह ऐसा अनूठा रूप ले लेता है, जिसे किसी एक निश्चित सीमा में बाँधना कठिन होता है। **'प्रकीर्णक'** नामक यह अंश उन्हीं विविध और अनमोल भाव-तरंगों का एक संकलन है। इसमें मिले-जुले विषयों पर लिखे गए घनाक्षरी छंद शामिल किए गए हैं। यद्यपि ये छंद विभिन्न अनुभूतियों से उपजे हैं, किंतु इन सभी का अंतर्निहित सूत्र प्रभु की भक्ति और काव्य-रस की सघनता ही है। यह अंश पुस्तक की साहित्यिक विविधता को और समृद्ध बनाता है।

❋❋❋

प्रकीर्णक

(घनाक्षरी छंद)

(1)

राम-छवि देखते ही होता है प्रफुल्ल-उर,
नयन-युगल अनिमेष रह जाता है।
होता है प्रतीत उपलब्ध हो गया है सब,
पाने को न अन्य कुछ शेष रह जाता है।
तृषा व छुधा का रंच रहता नहीं प्रभाव,
अंतर में रस ही विशेष रह जाता है।
ढह जाता भ्रम और भय का धरनिधर,
न तो मद बचता न द्वेष रह जाता है।

(2)

बढ़ता है मोद व प्रमोद महा मानस में,
लिखता हूँ छंद जब प्रथम-प्रहर में।
स्वयं को धन्यभाग्य बन्धु मैं समझता हूँ,
डूबकर इस भाँति राम की लहर में।
लगता है तत्क्षण मुझमें समाये हैं वो,
और मैं समाया हुआ हरि और हर में।
मिलता है प्रतिदिन दरश प्रभू का ऐसे,
दिव्यलोक जैसे आ गया हो मेरे घर में।

(3)

प्रथम प्रणाम प्रभु पद पंकजों के प्रति,
पुनः प्रधान-पद्य-पूरित-प्रकृति को।
प्रेम-पूर्वक प्रिय-पाठकों को प्रणिपात,
परम-प्रणाम पुण्य-पावन-प्रवृत्ति को।
प्रिय पुर परिजनों को प्रणाम प्रति-पल,
प्रेरणा-प्रदायिनी प्रवाह-पूर्ण कृति को।
पिता-प्रसू, प्रज्ञ, प्रौढ़, पंडित को प्रणिपात,
प्रमुख-प्रणाम प्रेम-प्रीति की प्रगति को।

(4)

धन्य है वो धरा धाम धरमध्वजी हों जहाँ,
ध्यानियों की धूमधाम ध्यान का धमाल हो।
ध्रुवनंदा की धवल धार धरती को धरे,
धन-धान्य-धेनु ध्येय ध्वज में विशाल हो।
धनुधारी-धर्मेश धीर-धनी-धैर्यवान,
धी-धुरीण-धन्वी-धनंजय भू-पाल हो।
धूर्जटी-ध्यान के धुरंधर की धारणा से,
धूर्त-धूमकेतुओं का ध्वंस तत्काल हो।

(5)

भक्ति-भरे आचरण से किया वरण-शुचि,
जिसने भी परम-चरण-आसुतोष के।
उसका न कर पाये परस विकार-पुंज,
पातक-समूह वृंद ताप-शोक-दोष के।
मुद-मोद उसका तो छोड़ते नहीं हैं संग,
रहते हैं प्रति-पल प्रेम-परितोष के।
उसी के लिये ही खुले रहते हैं दिव्य-पट,
विद्या-बल-बुद्धि-ज्ञान व विविध-कोष के।

(6)

कटते हैं काल के कराल-पाश पल में ही,
छँटते हैं मेघ छाये हुये दुख-द्वंद के।
घटते हैं कुविचार पातक समूह सर्व,
खुलते हैं ज्ञान वाले पट मतिमंद के।
मिटते हैं अंकित कुअंक भाल के समस्त,
मिलते हैं वर रिद्धि-सिद्धियों के वृंद के।
जो भी जपता है शतनाम सुखदाई नित,
भोलेनाथ शिव नीलकंठ सुखकंद के।

(7)

आप पर बरसे सतत हरि-हर-कृपा,
मिलें वरदान दिव्य-शक्तियों की ओर से।
सुनने के लिये ऐसे भक्ति-रस भरे गान,
आते हैं विविध-देव सभी ओर-छोर से।
दिव्यलोक तज चले आते हैं सनन्दनादि,
सुन-सुन होते सब भाव में विभोर से।
लिखते ही रहिये अनंत-काल तक आप,
राममहिमा के प्रिय-छंद जोर-शोर से।

(8)

बदल रहे हैं अब कालनेमियों के बोल,
देखो वो भी कैसे राम-राम रटने लगे।
आने लगे धीरे-धीरे रघुनाथ की शरण,
राम के विरोधियों से दूर हटने लगे।
सुजनों के हृदय तो हुए प्रेम से प्रफुल्ल,
किन्तु कुछ लोगों के कलेजे फटने लगे।
राम-अनुरागियों के बढ़ने लगे सुयश,
द्वेषियों के बल-बुद्धि-तेज घटने लगे।

(9)

मिट गये जिसने भी किया राम का विरोध,
पिट गये अपनों से भरे दरबार में।
चाहते कुशलता जो राम का विरोध कर,
पहुँच चुके हैं वो विनाश के कगार में।
कैसे मतिमंद हैं अभागे जानबूझकर,
स्वयं को जो फँसा रहे हैं मझधार में।
नहीं रह जाता किसी काम का मनुज तब,
जब भर जाती है कलुषता विचार में।

अंश-10

(इस अंश मे कुल 25 छंद हैं)

अयोध्या दर्शन

(अंश परिचय)

जय श्री राम!

सदियों की प्रतीक्षा के बाद जब अयोध्या-धाम में प्रभु श्रीराम जी की नूतन-विग्रह की 'प्राण-प्रतिष्ठा' हुई, तो वह क्षण न केवल इतिहास, बल्कि संपूर्ण ब्रह्मांड के लिए भावुक और गौरवशाली क्षण था। यह अंश विशेष रूप से उसी पावन और ऐतिहासिक अवसर पर उपजे भावों का जीवंत दस्तावेज है। इसमें अयोध्या के वैभव, रामलला के आगमन के उत्सव और भक्तों के आनंद-अश्रुओं को घनाक्षरी छंदों में पिरोया गया है। इन पृष्ठों को पढ़ते हुए आप स्वयं को दिव्य अयोध्या की गलियों में और रामलला के सम्मुख उपस्थित पायेंगे।

❁❁❁

अयोध्या दर्शन

(घनाक्षरी छंद)

(1)

छोटी-मोटी नगरी न लेना भूल से समझ,
अवधपुरी पुनीत राम-राजधानी को।
चलो करें तन-मन अपने पवित्र आज,
करके ग्रहण दिव्य सरयू के पानी को।
जीवन को साथ-साथ कर लें चलो सफल,
कर के प्रणाम राम-सीता-महारानी को।
इस भव-सिन्धु से जो करती सहज पार,
भूल मत जाना ऐसी राम की कहानी को।

(2)

बज रहे वादन विचित्र सर्वत्र अत्र,
अवसर हुआ अनुकूल आठों-याम का।
सुरों के समूह सभी आये धरा पे उतर,
पाने को अनुग्रह प्रभु-श्री-सुखधाम का।
कर रहे सनक-सनन्दनादि प्रिय-पाठ,
पावन अथर्व-ऋग-यजु-वेदसाम का।
हरि-हर-विधि आज हैं पधारे यहाँ सब,
अवलोकने को शुभ अभिषेक राम का।

(3)

हो रहे आनन्द में विभोर चहुँ-ओर जन,
एक दूसरे पै गंध पुष्प फेंक-फेंक के।
सज गयीं वीथिकाएँ द्वार-परकोटे सब,
घर में बधाई बज रही हर एक के।
मृदु मोदकों की वितरित हो रही है राशि,
स्वागत सभी का हो रहा है छेंक-छेंक के।
थिरक-थिरक देव दुन्दुभी बजाने लगे,
गाने लगे गीत शुभ राम-अभिषेक के।

(4)

सज गये मंगल-कलश जल उठे दीप,
गूँज रही धुन चहुँ-ओर राम-नाम की।
देवलोक मूक हो निहार रहा वसुधा को,
रमणीयता विचित्र है अयोध्या-धाम की।
एक बार जिनको प्रणाम कर लेने पर,
टूटती है ग्रन्थि लोभ-मोह-क्रोध-काम की।
चलो करें जीवन को हम अपने भी धन्य,
प्रेम से निहार कर झाँकी सियाराम की।

(5)

सुषमा की राजधानी अवधपुरी को आज,
अलकापुरी भी देख-देख सकुचा रही।
कोटि-कोटि कुसुमेश-रति हुए बलिहार,
शोभा सुखदाई नहीं नैन में समा रही।
शुक-सारिका सुना रहे हैं रस-भरे-गीत,
कोकिला की कूक मंजु मन को लुभा रही।
निज धाम में विराजमान होंगे रघुराज,
परम-पवित्र वो घड़ी है अब आ रही।

(6)

टोली भक्त-रसिकों की हुई भाव में विभोर,
डफली-मृदंग मृदु-वीणा झनकारती।
रिद्धि-सिद्धियों ने झूम-झूम है मचाई धूम,
नव-निधियाँ हैं आयीं दिव्य-दीप बारती।
सप्त ऋषिगण बोल रहे जय-जय-जय,
गा रहे हैं मंगल-विशेष शेष-भारती।
शशि-रवि भौम-बुध गुरु-शुक्र-शनि आदि,
आ रहे हैं प्रभु की उतारने को आरती।

(7)

राम-नाम की है गूँज धरा से गगन तक,
पुलकित तन-मन प्राणियों के सारे हैं।
परम-प्रमोद-प्रीति-पूरित प्रबल-भाव,
नयनों से झर रहे अश्रु-विंदु-न्यारे हैं।
ढोल व मृदंग शहनाई बज रही मंजु,
अंबर में देवता बजा रहे नगारे हैं।
भक्तिभाव से विभोर गा रहे हैं गीत सब,
हम सब रामजी के रामजी हमारे हैं।

(8)

देखते ही बनती है अम्बर की छटा-दिव्य,
धरा सतरंगी-परिधान धार आयी है।
शशि-रवि-तारों की प्रभा का है बढ़ा प्रभाव,
प्रकृति प्रधान-मंजु-उपहार लायी है।
पवन झकोरे देके लगा हुलसाने हिय,
वन-बाग-उपवन में बहार छायी है।
रामलला आज हैं विराज रहे निज-धाम,
अवध में निधि देखिये अपार पाई है।

(9)

मिट गये सकल कुयोग के समूह सद्य,
अब तो सुयोग ही सुयोग शुभ छाये हैं।
लोक-परलोक में त्रिलोक में मची है धूम,
देवता द्युलोक से सुमन बरसाये हैं।
यक्ष-गन्धर्व सर्व किन्नरों के दल और,
ऋषि-मुनि-साधु-संत हिय हरषाये हैं।
आओ मिल मंगल मनायें गायें गीत-नव,
अवध-नरेश जी अवधपुर आये हैं।

(10)

द्वार-द्वार सजी हैं रंगोलियाँ सुहानी-मंजु,
छायी हुई सब में नवीन सी उमंग है।
मुदित हुए हैं नर-नारि बाल-वृद्ध सब,
उठ रही सभी में आनन्द की तरंग है।
कोई लिये शंख और घंटा है किसी के कर,
किसी के है अंक वीणा किसी के मृदंग है।
धन्य हैं हमारे भाग जन्मे जो भारत में,
मिल गया आज प्रभु रामजी का संग है।

(11)

धर्म-ज्ञान-भक्ति व विवेक सुख-शान्ति और,
अद्य सर्व रिद्धि-सिद्धियों का स्रोत हो गयी।
अर्थ-धर्म-काम-मोक्ष दायिनी धरा पै शुचि,
प्रज्वलित घट-घट ज्ञान-ज्योति हो गयी।
रामकी कृपा का वरदान पा चुकी है दिव्य,
परम आनन्द से है ओत-प्रोत हो गयी।
इस भव-सिन्धु से उबारने के हेतु हमें,
अवधपुरी अमोघ-जलपोत हो गयी।

(12)

सरयू के पावन पुलिन पर लोट-लोट,
अवधपुरी की रज माथे पर धर लें।
स्नान कर पान करके पवित्र-नीर,
कोटि-कोटि पापों का शमन चलो कर लें।
राम-छवि देखने को नैन हो रहे अधीर,
रामभक्ति भाव आओ निज-हिय भर लें।
इससे सरल नहीं जग में उपाय अन्य,
सिया-राम-नाम जप भवसिंधु तर लें।

(13)

आपस में गह कर एक दूसरे का हाथ,
परिवेश में मधुर रस घोलते हुये।
प्रेम-सद्भावना-सहित गले लग-लग,
उर की उदारता के द्वार खोलते हुये।
राम की छटा का नयनों से रसपान हेतु,
भक्ति-भरे-भाव से सहज डोलते हुये।
चले जा रहे हैं सब अवधपुरी की ओर,
जय-जय-जय सिया-राम बोलते हुये।

(14)

बढ़ गयी कोटि-गुना सुरभि-सुहानी-मंजु,
पारिजात चंदन व अगर-तगर में।
बाल-वृद्ध नर-नारी हुये मतवाले सब,
बिना पड़े हुये किसी रगर-झगर में।
माथे पर सोह रहा सभी के तिलक-शुभ,
मच गयी धूम हर नगर-नगर में।
गूँज रहा चहुँ ओर राम का सुभग-नाम,
सजी हैं पताका घर डगर-डगर में।

(15)

ऐसा वातावरण हुआ वसुन्धरा का अद्य,
सकल भुवन व त्रिलोक को लुभा रहा।
जिसे देखो हो रहा है वही भाव में विभोर,
बड़ी तन्मयता से रामगीत गा रहा।
ताल दे दे नाच रहे सुर-नर-मुनि सर्व,
हर्ष व आनन्द चहुँ ओर घोर छा रहा।
राम अनुरागी सब जा रहे अवधपुर,
किन्तु मन्थरा के प्रेमियों को नहीं भा रहा।

(16)

पान-कर-कर धन्य हो रहे हैं सब लोग,
बँट रहा चहुँ ओर राम-नाम-रस है।
बज रहे ढोल-झाँझ-शहनाई व मृदंग,
वितरित हो रहा प्रसाद का पयस है।
अभिलाषा पूरी हुई राम-अनुरागियों की,
हुआ प्रभु-रामजी का पावन-दरस है।
रामलला आज हैं विराज रहे निज-धाम,
अति सुखदाई यह पावन-दिवस है।

(17)

हुआ गदगद हिय और भाव में विभोर,
भक्ति-भावना में वह जाने कहाँ खो गया।
रघुनाथ का स्वरुप कर गया ऐसा कुछ,
मम अंग-अंग निज-रंग में डुबो गया।
ऐसा झरा नीर झर-झर चक्षुओं से अद्य,
सारा तन प्रभु-प्रेम-अश्रुओं से धो गया।
तरस रहे थे नैन देखने को राम-छवि,
हमें भी दरस आज रामजी का हो गया।

(18)

प्रमुदित हो रहे अवध की प्रभा को देख,
झूम-झूम नृत्य कर रहे जन सारे हैं।
अवध में भर गया कितना आलोक आज,
जैसे कि उतर आये रवि-शशि-तारे हैं।
कर रहे राम-गुण-गान संत-समुदाय,
नर-नारि बैठे शुचि सरयू किनारे हैं।
लगता है पूरा हुआ वनवास रामजी का,
अवधपुरी में आज फिर वो पधारे हैं।

(19)

चौदहों-भुवन बस राम-नाम की है गूँज,
धरती है हर्षित मुदित गगन है।
रामजी के दरस को हो रहे अधीर जन,
रामजी से लगी ऐसी सबकी लगन है।
बड़ा ही प्रगाढ़ बढ़ा रामजी से अनुराग,
जन-जन का हृदय प्रेम में मगन है।
रुकता नहीं है रोकने से नयनों का नीर,
ऐसी सुखदायी दशा दृगन-दृगन है।

(20)

अवधपुरी में आके जीवन हुआ सफल,
उपजा है भाव यहीं कुटिया बनाने को।
करने को ध्यान भरने को भक्ति-भाव और,
सरयू के तीर बैठ राम-गुण गाने को।
थकते नहीं है दृग राम की छटा को देख,
करता नहीं है मन अवध से जाने को।
अवध की महिमा का कैसे हो भला बखान,
देवता भी तरस रहे हों जहाँ आने को।

(21)

गा रहे हैं अवध-निवासियों का यश देव,
रवि-शशि अवध की आरती उतारे हैं।
हीरा-पन्ना मोती-मणि-माणिक-कनक आदि,
अवध की रज पर बार-बार वारे हैं।
राजहंस एक दूसरे से कह रहे आज,
अवध के पंक्षियों के भाग्य हुये न्यारे हैं।
सरयू को हैं सराह रहे सरिता-समूह,
अवध की ओर सारे तीरथ निहारे हैं।

(22)

धरती पै राम को पुकारा गया जब-जब,
धरा पै वो तब-तब हर-बार आये हैं।
वैसे भी वो लेते रहते हैं अवतार-दिव्य,
धर्मरक्षा हेतु राम बार-बार आये हैं।
हरने को द्वन्द और भरने आनन्द-अति,
करने को प्रेमियों से दरबार आये हैं।
रामजी की महिमा को जान सकता है कौन,
करने वो कुछ नया इस बार आये हैं।

(23)

अब न चलेगी मंथरा की कोई कटुचाल,
राम कभी अब वनवास नहीं जायेंगे।
अब नहीं होगा कभी दशरथ का निधन,
कुटनी को अपने वो पास नहीं लायेंगे।
राम का वियोग नहीं सहना पड़ेगा अब,
भरत बेचारे कोई त्रास नहीं पायेंगे।
अपने ही आप अब होगा उनका विनाश,
जिनको हमारे राम रास नहीं आयेंगे।

(24)

सूपनखा विचरेगी निज नासिका को काट,
लक्ष्मण कोई हथियार न चलायेगा।
लंका का दहन हनुमान न करेंगे अब,
दसशीश स्वयं ही उसको जलायेगा।
अब तो विभीषण के साथ रामजी के पास,
देखना निशाचरों का दल चला आयेगा।
राम के विरोधियों की अब न गलेगी दाल,
राम का प्रताप ये प्रभाव दिखलायेगा।

(25)

कालनेमि मानेगा न रावण की कोई बात,
और न मारीच कोई मृगरूप धारेगा।
अब नया कौतुक दिखायेगा ये रामराज,
दसशीश अंगद के चरण पखारेगा।
उसके ही, वाटिका को देंगे उसकी उजाड़,
कोई हनुमान नहीं उसको उजारेगा।
गद्दी से उतार उसे, उसके ही देंगे फेंक,
मेघनाद स्वयं ही रावण को मारेगा।

❋❋❋

अंश-11

(इस अंश मे कुल 45 छंद हैं)

श्रीहरि दर्शन

(अंश परिचय)

जय श्री राम!

श्री राम ही नारायण हैं और नारायण ही श्री राम हैं। **'हरी दर्शन'** नामक यह अंश जगत के पालनकर्ता, शंख-चक्र-गदा-पद्म धारी भगवान श्रीविष्णु के विभिन्न रूपों और लीलाओं को समर्पित है। इस विभाग में नारायण के दिव्य स्वरूप, उनकी योगनिद्रा, क्षीरसागर के वैभव और उनके भक्त-वत्सल रूप पर आधारित छंदों की रचना की गई है। यह अंश पाठक को राम-रूप से आगे ले जाकर पूर्णब्रह्म परमेश्वर के विराट **'हरी दर्शन'** का साक्षात अनुभव कराता है।

❁❁❁

श्रीहरि दर्शन

(घनाक्षरी छंद)

(1)

आप सदगुरु-रूप मंगल के मूल नाथ,
परम-हितैषी मम प्रभु-परमारथी।
तुम सम स्वामी और कौन है उदार अति,
जगत सकल घनघोर सदा स्वारथी।
संकट-विकट काटे हटे दुख-द्वन्द बड़े,
पड़े जो चरण की शरण थे महारथी।
दीनबन्धु-दयामय परम-पतित हूँ मैं,
आपकी शरण पड़ा पारथ के सारथी।

(2)

कृपा कर अपनी प्रदान करो प्रिय-भक्ति,
बीते कोटि-कोटि युग जीवन-मरण में।
जीवन का लक्ष्य वेद शास्त्र उपनिषद में,
परम-आनन्द प्रभु आपकी शरण में।
जग में सजग रह निष्काम-भक्ति करे,
धरे नित ध्यान प्रभु आपके चरण में।
सुमिरण नाम का आधार कोटि-मंगलों का,
भेषज-अचूक दुख-संकट-हरण में।

(3)

ईश के अनुग्रह से जीवन-विशेष मिला,
हाय पर बीता यह बिना उपयोग के।
भक्ति का प्रयास एक पल भी हुआ न नाथ,
हर-क्षण गया बिना सन्त-संयोग के।
विषयों में रह व्यस्त शक्ति को विनष्ट किया,
मडराने लगे मेघ सिर में कुयोग के।
मति भी पतित भयी पीकर विषय–विष,
दल चढ़ आये काम-क्रोध-लोभ-रोग के।

(4)

आया इस जग में था करने को काज कुछ,
पर देख माया में तो ऐसा उलझा गया।
भूला वह काज अत-भ्रमित-व्यथित बना,
काम-क्रोध-लोभ का प्रभाव ऐसा छा गया।
सुमिरण आप का न कर पाया क्षण-भर,
जगत-प्रपंच ही अधिक मुझे भा गया।
कुछ आयी समझ कृपा से आपकी हे नाथ,
छोड़ के जगत मैं शरण-तव आ गया।

(5)

सुन-सुन कर गुण-गान नित माधव के,
धुन लग जाये मुझे बस हरि-नाम की।
उर में मधुर-रति-अति ईश की समाये,
टूट जाये ग्रन्थि लोभ-मोह-क्रोध-काम की।
संत की शरण रह बस हरि-हरि कहूँ,
धारा फूट जाये हर-पल वेद-साम की।
कृपा कर दीजिये प्रबल यही कामना है,
मेरी निशि-दिन हल-पल हर-याम की।

(6)

गुण-ज्ञान-हीन दीन-व्यथित मलीन-मति,
धन-धाम-रहित हूँ बिन माई-बाप के।
विवश विशेष कुछ शेष नहीं स्वामी सुनो,
बड़ी क्षति भई शीश बड़े-घड़े-पाप के।
दुख-शोक-भय-भ्रम भरे कुविचार-कोटि,
पीडित विषम-ज्वर घेरे में त्रिताप के।
मैं तो हूँ अनाथ एक शरण तुम्हारी प्रभु,
मेरा सब-कुछ नाथ हाथ में है आप के।

(7)

सत्संग आपकी कृपा से मिल जाये नाथ,
जीवन को अपने यूँ सफल बनाऊँ मैं।
सुन-सुन चरित-पुनीत नित माधव के,
झूम-झूम निशि-दिन आनन्द मनाऊँ मैं।
गुरू की कृपा का पात्र बनूँ मैं सदैव देव,
ज्ञान-सदबुद्धि-विद्या-भक्ति सब पाऊँ मैं।
हिय में हो सुमिरन वाणी में हो नाम नित,
चरणों में ध्यान सदा आपके लगाऊँ मैं।

(8)

बार-बार करता हूँ प्रबल-प्रयास प्रभु,
कई बार ध्यान करने का प्रतिदिन मैं।
पर न सफलता को पा सका मैं दयामय,
रोता रहा असहाय सच छिन-छिन मैं।
कैसे करूँ साधना बता दो आके मुझे नाथ,
पल-पल काटता रहा हूँ गिन-गिन मैं।
कृपा करो प्रभु कर सकूँ मैं तुम्हारी भक्ति,
आपकी शरण पड़ा हृदय-मलिन मैं।

(9)

विवध-प्रकार के विकार से ग्रसित नित,
उपचार-हीन अति तहस-नहस हूँ।
हाय-हाय कर असहाय होके धाय-धाय,
विरूपाय दीन-सम जीता जस-तस हूँ।
कौड़ियाँ-करोड़ पा के कामना हुई न कम,
खोके सरबस नाथ हुआ परबस हूँ।
जीवन गँवाया व्यर्थ अर्थ से हुआ अनर्थ,
शरण में आया नाथ व्यथित-विवश हूँ।

(10)

सेवा साधु की सदैव करूँ निज जीवन में,
कुमति हो नाश सदा सुमति बनी रहे।
चरणों में परम पुनीत-प्रीति बढ़े घनी,
हृदय में भगति तुम्हारी उमगी रहे।
हरि-नाम सुमिरण अन्तर में रहे सदा,
वाणी नाम-जप में निरंतर सनी रहे।
बस जाये नैनों में तुम्हारी प्रभु दिव्य-छटा,
चेतना हमारी नाथ नाम में पगी रहे।

(11)

हरिओम- हरि ओम स्वास प्रति स्वास स्वास,
प्रबल-प्रकाश का इसी से आगमन है।
परम-पवित्र व आनन्द-प्रद शक्तिमय,
शान्ति का प्रधान-स्रोत शूल का शमन है।
दुख-द्वन्द घटता है कटती कराल-पाश,
आप की शरण सर्व संकट-दमन है।
स्वीकार करो नाथ सेवकाई मम् अब,
आपको सहस्र-बार दास का नमन है।

(12)

अटका हूँ मँझधार में उबारों मुझे नाथ,
भटका जगत में पकड़ के वृथा को मैं।
उर में है रखी सेवकाई तव-चरणों की,
जदपि न जानूँ स्वामी–सेवक प्रथा को मैं।
आपसे ही बार-बार कहता पुकार कर,
अपनी अपार मति-मन की व्यथा को मैं।
स्वामी आप सेवक की जानते हो एक-एक,
कहाँ-तक कहूँ निज-करुण-कथा को मैं।

(13)

सकल-सुकरम-विहीन अधरम-रत,
पातक की प्रतिमा न गुणीं एक आध का।
चरणों का दास बनने की बड़ी लालसा है,
दे दो वरदान मुझे भगति-अगाध का।
आपकी कृपा को स्वामी कौन नहीं जानता है,
आपने किया उद्धार बालि व विराध का।
शक्तिमुक्ति दाता आप भक्तिके प्रदाता नाथ,
मैं भी हूँ निकेतन सहस-अपराध का।

(14)

स्वामी-मम होइये प्रसन्न दीनानाथ प्रभु,
उर में भगति-दीप नित जलता रहे।
ज्ञान का विशेष-बीज आपकी कृपा से मिले,
आपकी कृपा से सदा यह फलता रहे।
बस यही कामना है परम आनन्द धाम,
आपकी आराधना का क्रम चलता रहे।
दे दो नाथ सेवकाई निज-चरणों की मुझे,
हिय में सदैव प्रभो निर्मलता रहे।

(15)

धरा-धन-धाम की न नाम की ही कामना है,
कामना न जग में प्रचार व प्रगति की।
सुता-सुत-वाम की न वदन ललाम की है,
कामना न मम उर किंचित सुगति की।
कामना न लाभ की न भोग सुख-साधन की,
कामना न दूर करने को है विपति की।
उर में तुम्हारे चरणों के प्रति रहे रति,
याचना है बस नाथ आपसे भगति की।

(16)

बड़े-विज्ञ-ज्ञानी की न मानी है कदापि सीख,
किया अनुगमन है निज-मति-मत का।
अहम् के बस होके सहस अनर्थ किये,
व्यर्थ गया जीवन ये मुझ पाप-रत का।
पढ़े न पुराण वेद खेद का विषय यह,
किया न विचार कभी सत व असत का।
अब कृपा कर नाथ अपनी शरण रख,
मुझमें चढ़ा दो रंग भगति-भगत का।

(17)

आपके चरित्र का पवित्र गुणगान तज,
वाणी को लगाया पर दोष के बखान में।
गाये गीत अपनी ही महिमा के बड़े-बड़े,
चलता रहा सदैव अति-अभिमान में।
मद में हो चूर कर्म क्रूरता के किये कोटि,
जी रहा हूँ नाथ अब बड़े अपमान में।
कृपा कर नाथ अब तो सुधारो मेरी-मति,
सदा लगा रहूँ बस आपके ही ध्यान में।

(18)

सकल-भुवन नाथ आपका प्रताप छाया,
लोक-लोक आपकी उदारता विदित है।
हिय का तिमिर मिट जाये तव गाये नाम,
आपको सुमिर हिय होता प्रमुदित है।
धरा-व्योम-रवि-शशि अगणित तारागण,
चर व अचर सब आपके रचित हैं।
आप की आराधना है सार सारी-सिद्धियों का,
आपको प्रणाम मेरा प्रभु नित-नित है।

(19)

लीजिये उबार मुझे सुनिये पुकार यह,
आके फँस गया नाथ महा-मोह-पंक में।
असुर-नरेश का विशेष कुप्रबन्ध हटा,
प्रहलाद को उठाया आप ने था अंक में।
आप के अनन्त रूप कण-कण में निवास,
भरते प्रकाश रवि-नखत-मयंक में।
आपको तो प्रेम के ही भाव से लगाव अति,
रखते न भेद आप कुछ राजा-रंक में।

(20)

शुभ-मति शुभ-गति सुकृति-प्रगति अति,
परम-आनन्द मोद-मंगल-प्रदाता हो।
रवि-शशि रूप आप अनल-अनिल-जल,
शिव-रूप हो अनूप आप ही विधाता हो।
उसको भी अपनाते सदा प्रेम-वश आप,
जिसको न नाथ कभी कोई अपनाता हो।
रखिये सँभाल मुझे तुम बिन हूँ बेहाल,
जगत के बाप आप पर मेरी माता हो

(21)

बल पर जिनके घमंड था अखण्ड मुझे,
उनमें से कोई मुझे अब नहीं जानता।
त्याग कर मुझे सारे मम-परिजन गये,
भूले भटके भी नहीं कोई पहचानता।
कृपा अब कीजिये कृपा-निधान मुझ पर,
अगम-अपार नाथ आपकी महानता।
विधि व विधान नहीं वन्दना का ज्ञान नहीं,
आपकी-शरण पड़ा इतना हूँ जानता।

(22)

करता हूँ कुछ अर्पित वन्दना के पुष्प,
विश्वेरेता कृपा कर इन्हें स्वीकारिये।
उर में प्रकाश का विकास करो दुराधर्ष,
करने को वास आप इसमें पधारिये।
दयानिधि आप सदा दास पे दिखाते दया,
पड़ा आपकी-शरण कुछ तो विचारिये।
अब मम-स्वामी मैं तो आपके-भरोसे बस,
विकृति-प्रकृति मम-मति को सुधारिये।

(23)

उनको प्रणाम कोटि-कोटि है उन्हें नमन,
जिनमें प्रलय में जगत होता लय है।
ऋषि-मुनि-सुर सब जिनका ही धरें ध्यान,
जिनकी कृपा से सदा मिलती विजय है।
शरण को पा के मिले जिनकी परमगति,
शुभ-मति-अति प्राणी होता निर्भय है।
कृपा कर मुझे निज-शरण प्रदान करें,
उनसे तो बस मेरी इतनी विनय है।

(24)

द्रोपदी ने जब नाथ आपकी लगाई टेर,
बन गये ढेर सभा-मध्य बड़े पट के।
अजर-अमर गुणवान हुए हनुमान,
प्रति-पल आप की आराधना में डट के।
बने वाल्मीकि विज्ञ-ज्ञानी बड़े आदि-कवि,
परम-पवित्र-प्रिय राम-नाम रट के।
गंगापार आपको उतार अति हुआ धन्य,
चरण पखार बड़े पुण्य भे केवट के।

(25)

चाहते हैं कान रसपान हरि-चरित का,
नैन चाहते हैं नाथ आपको निहारना।
व्याकुल हैं पग चलने को साधु-वास जहाँ,
वाणी चाहती है सदा आपको पुकारना।
हिय की है कामना विराजो प्रभु मुझ में ही,
कहती है मति प्रभु मुझको सुधारना।
अभिलाषा शीश की है आप को नमन करे,
चाहते हैं कर तव-आरती उतारना।

(26)

करनी है सेवकाई चरणों की नित मुझे,
सुनो नाथ कहता हूँ आप को पुकार के।
जद्यपि ये विदित है मुझको विशेष-भाँति,
सेवा में हैं सेवक-सहस सरकार के।
आपसे ही उपजे हैं जग के सृजनहार,
साधन सकल बने विविध-प्रकार के।
पूरी करो अभिलाषा मेरी यह वासुदेव,
जीवन सफल करो सेवा स्वीकार के।

(27)

भोजन-शयन सुख-साधन सकल तज,
कानन में रह चिंता छोड़ छाँव-धूप की।
मनु-सतरूपा ने किया था घनघोर-तप,
उर में बसा के छवि आनन-अनूप की।
परम प्रसन्न हुये वासुदेव उन पर,
कौन कहै महिमा-अनन्त-लोकभूप की।
शोभा-धाम सुनिये विनय मम कृपाकर,
मुझको दिखा दो एक झलक स्वरूप की।

(28)

भेज राजा बलि को पाताल किया चूर मद,
नाप लिया तीन-लोक बस दोय-पग में।
अति बरसाया प्रेम शबरी-सुदामा और,
भालू-कपि-वानर-जटायु जैसे खग में।
हरि की शरण छोड़ कितने ही करे काज,
नहीं कुछ लाभ रहा जीवन का जग में।
अभिलाषा उर में मिलन की तुम्हारे प्रभु,
प्यास दर्शन की बड़ी है मेरे-दृग में।

(29)

पतित-अजामिल को मिल गयी हरि-कृपा,
तारे नर साईं जब सदन-कसाई से।
करके अभयदान परम बढ़ाई प्रीति,
रख निज-शरण दशानन के भाई से।
हत भाग्य कहिये मनुज-तन पा के प्रिय,
जो न गहे लाभ हरि-पद सेवकाई से।
उर में विशेष विश्वास है मिलेगी मुझे,
चरण-भगति-भीख माँगूँ रघुराई से।

(30)

टूटता है घोर-तम अगम-अगाध-अति,
प्रबल-प्रभाव ऐसा राम-नाम-मणि का।
तजि निज-कुकृत सुखद-भक्ति-व्रत ले के,
बन गयी पावन पतित-अति-गणिका।
दासन को पालती निकालती दशन-घोर,
कुटिल-कराल-कलि-काल-रूपी फणि का।
कहाँ तक महिमा बखान करूँ मुदमय,
मंगल-सदन श्रीहरि की शरणि का।

(31)

हरो भव-ताप मम हृदय का तम घोर,
ध्याता रहूँ तुम्हें करो ऐसी स्थिति का।
पारथ को ज्ञान दे दिखाया था विराटरूप,
काटा था कुचक्र घोर कौरव-समिति का।
महिमा-अपार प्रभु सब के आधार आप,
लेते अवतार हरने को भार क्षिति का।
आप हो अनादि वेद कहते अनन्त तुम्हें,
आदि का पता न कुछ आपके है इति का।

(32)

प्रति-पल हर-घड़ी निशि-दिन हर-याम,
हरिनाम-हरिनाम मम-श्वास-श्वास हो।
आपको हो अर्पित प्रभु मम-रोम-रोम,
यह मन आपके ही चरणों का दास हो।
सेवक सदा मैं नाथ स्वामी तुम मम एक,
हिय में प्रबल प्रभु ज्ञान का प्रकाश हो।
चलत-फिरत सब करत जगत-काज,
जियत-मरत बस आपकी ही आस हो।

(33)

श्रीपुर-वासी क्षीर-सागर-निवासी आप,
वाहन-गरुण शैय्या-शेष की है साजती।
चार-भुज-धारी छवि आपकी है प्यारी अति,
संग में तुम्हारे नाथ रमा हैं विराजती।
शोभा-सुख-धाम करो विश्राम मम्-उर,
दास की परम शान्ति-वेनु रहे बाजती।
माया का प्रबल-छत्र छाया हुआ सर्वत्र,
चित्त को हमारे प्रभु यही है विभाजती।

(34)

गये गुणवान-ज्ञानवान-यशवान अति,
वो भी गये जिन्हें था भरोसा निज-बल का।
गये धनवान-रूपवान-मतिमान सारे,
गये जिनको पता था भेद पल-पल का।
गये वो नरेश जो विशेष-महिमा के हुये,
जिनके था शासन गगन-जल-थल का।
सुनिये विनय-मम कर दो कृपा कृपालु,
कुछ भी भरोसा नहीं नाथ सुनो कल का।

(35)

जिनका कराल-कोप देख सिन्धु काँप उठा,
कृपा से मुदित डूबा तट सुरसरि का।
देवता-दनुज मुनि-मनुज अनेक जीव,
भालु-कपि-वानर-विहंग और करि का।
किया काज सिद्ध सारा जिसने पुकारा जब,
यहाँ तक भ्राता का भी अपने ही अरि का।
मूढ़मति कहिये उन्हें सदैव जीवन में,
और का भरोसा करे छोड़ के जो हरि का।

(36)

किसी का बढ़ा के पट करते हैं कौतुक तो,
करते हरण कभी गोपियों के चीर का।
किसी को त्रिलोक दान कर दिया प्रेमवश,
किसी को किया है नृप दे तिलक-नीर का।
कभी बन आते आप अवध-नरेश-सुत,
कभी बन जाते आप छोरा हैं अहीर का।
आप हैं उदार स्वामी महिमा-अपार-अति,
कृपा कर करो अन्त हृदय की पीर का।

(37)

करते विलाप कभी वन में वियोगी बन,
कभी बन योगी आप देते गीता-ज्ञान को।
कभी आप सब को नचाते मुरली के बल,
कभी आप नाचते हैं दधि-खान-पान को।
कभी कर देते हैं विकट-ताड़का का वध,
कभी कर देते आप नारि हैं पाषान को।
लीला है विचित्र प्रभु-चरित पवित्र अति,
दास का प्रणाम-कोटि-कोटि भगवान को।

(38)

छीन लयी पोटली-पुनीत अति-प्रीति-भरी,
खाये प्रिय-तन्दुल सुदामा-भूमिसुर के।
प्रेम-रस-भरे जूठे-बेर खाये बेर-बेर,
सफल मनोरथ भे भीलनी के उर के।
फल-फूल-मेवा त्याग दिये दुर्योधन के,
खाया शाक-प्रेममय घर में विदुर के।
प्रेम से सहज ही प्रसीदते हैं दयामय,
परम-कृपालु-स्वामी मम् श्रीपुर के।

(39)

नन्दजी के घर अति-आनन्द-असीम भर,
मारे वो असुर जिन्हे बल था गजन का।
दिया उपदेश शबरी को भक्ति-नवधा का,
जप-तप-ध्यान और पूजन-भजन का।
कृपाकर प्रभु यही प्रेरणा करो प्रदान,
भगति विवेक संग-सदा-गुरुजन का।
इस भवसागर अपार की भँवर-मध्य,
आप हो अधार मुझ जैसे दुरजन का।

(40)

आपकी भगति है प्रदायिनी सुमति और,
औषधि-अमोघ एक यह भव-रोग की।
करती आनन्द का अनन्त स्रोत उर को है,
हरती सकल व्यर्थ-भावना कुभोग की।
करती है प्रगट अखण्ड-ज्ञान-दिनकर,
मूल है सुभग सदा सुखद-सुयोग की।
आपकी शरण पड़ा आपको सुमिर नित,
त्याग कर साधना-जटिल हठयोग की।

(41)

आपने सुकण्ठ को बचाया दुष्ट बालि से था,
भगत-विभीषन को रावण-कराल से।
पाण्डवों को आपने बचाया हर-पग-पग,
दुष्ट-दुर्योधन की कपटी-कुचाल से।
उत्तरा के सुत को बचाया आपने ही नाथ,
प्राणघातिनी-प्रचण्ड-शक्ति विकराल से।
शरण में आपकी पड़ा हूँ अपनाओ अब,
मुझे भी बचाओ दुष्ट-भ्राता-विष-ब्याल से।

(42)

पातकी-अधम दुष्ट-चोर-दुराचारियों का,
आपके-जनों पै कोप हुआ है यदा-यदा।
लेके अवतार आपने किये विनष्ट दुष्ट,
हरा धरणी का भार आपने तदा-तदा।
करुण-पुकार सुनो करुणा के सिन्धु आप,
दूर करो स्वामी इस सेवक की आपदा।
कृपाकर अपनी-भगति कीजिये प्रदान,
वासुदेव हिय में विराजिये सदा-सदा।

(43)

आपके समान कौन और है दयानिधान,
आप तो प्रसीदते हैं दोय अँसुवन में।
भक्त के तो खाते आप तन्दुल व शाक-बेर,
रस ना दुयोधन के पूड़ी व पुवन में।
आपकी शरण गह कौन है हुआ निराश,
किसकी न आस पूरी हुई त्रिभुवन में।
अतिसुख-दायिनी भगति-निज दान कर,
करो कृपा नाथ हम जैसे पशुवन में।

(44)

ऋषि-गण-ज्ञानी गुणगान करते हैं सदा,
होता हर्षित हिय हरि के प्रसंग से।
लेते अवतार हरने को धरणी का भार,
सुषमा-सदन-प्रभु कोटिक-अनंग से।
जिनके सुयश का बखान करते हैं नित,
वायस-भुशुण्डि अति विविध-विहंग से।
कटते हैं पातक-विकट जप हरि-नाम,
सुन्दर-सुखद-शुचि-शुभ सतसंग से।

(45)

भोजन-शयन घोर-भोग में हुआ व्यतीत,
जीवन का लाभ नहीं धरा-धन-धाम से।
कंचन-रजत मणि-माणिक व गज-वाजि,
कुछ भी नहीं महान यहाँ सियाराम से।
उर में हो कामना प्रबल-प्रभु-वंदन की,
मुझे हो प्रयोजन सदैव हरिनाम से।
यदि छूटता है जग तो ये छूट जाये आज,
पर जुड़ जाये हिय सद्य घनश्याम से।

❀❀❀

उपसंहार

(क्षमा प्रार्थना)

"अपराधसहस्राणि क्रियन्तेऽहर्निशं मया।
दासोऽयमिति मां मत्वा क्षमस्व परमेश्वर॥"

प्रिय पाठकों, श्रद्धालु जनों एवं प्रबुद्ध समीक्षकों,

'श्रीराम दर्शन' काव्य ग्रंथ को आपके कर-कमलों में सौंपते हुए हृदय में असीम संतोष और प्रभु की महती कृपा के प्रति कृतज्ञता का भाव है। यह ग्रंथ किसी विद्वता का प्रदर्शन नहीं, बल्कि एक साधक के अंतःकरण की पुकार है, जिसे छंदों का रूप देने का एक विनम्र प्रयास किया गया है।

मानव स्वभाव सहज रूप से त्रुटियों का पुंज है। बुद्धि, ज्ञान और सामर्थ्य की अपनी सीमाएं होती हैं। इस पुस्तक के लेखन, संपादन या मुद्रण में यदि अनजाने में कहीं कोई चूक, मात्रा-वर्ण संबंधी त्रुटि या वर्तनी की भूल रह गई हो, तो मैं आप सभी प्रबुद्ध पाठकों से करबद्ध क्षमा प्रार्थी हूँ।

काव्य साधना में भाव ही सर्वोपरि होता है। मेरा विश्वास है कि आप सभी सुधी पाठक इस कृति में व्याकरण की सूक्ष्म कसौटियों को गौण मानकर, हंस की भाँति केवल 'नीर-क्षीर विवेक' अपनाएंगे और इसमें समाहित प्रभु श्रीराम की अनन्य भक्ति एवं रस को ग्रहण करेंगे। आपकी सकारात्मक प्रतिक्रियाएं और स्नेह ही इस रचनाकार का वास्तविक प्रसाद होगा।

यह कृति प्रभु के चरणों में अर्पित है। प्रभु श्रीराम आप सभी का जीवन मंगलमय करें।

विनीत - ठाकुर प्रसाद द्विवेदी

छंद सूची

अ

अटका हूँ मँझधार में उबारों मुझे नाथ, · 88
अपने तो प्राण बसते हैं बस "मानस" में, · 42
अब न चलेगी मंथरा की कोई कटुचाल, · 81
अल्न गल्ल खाना छोड़ सादा ही करो ग्रहण, · 58
अवध का राज्य तज हुए वनवासी आप, · 25
अवधपुरी में आके जीवन हुआ सफल, · 80

आ

आप पर बरसे सतत हरि-हर कृपा, · 71
आप सदगुरु रूप मंगल के मूल नाथ, · 84
आपकी भगति से रहित न रहूँ कदापि, · 29
आपकी कृपा से गजराज के बचे थे प्राण, · 20
आपकी भगति है प्रदायिनी सुमति और, · 97
आपके चरित्र का पवित्र गुणगान तज, · 89
आपके समान कौन और है दयानिधान, · 98
आपने सुकण्ठ को बचाया दुष्ट बालि से था, · 97
आपस में गह कर एक दूसरे का हाथ, · 78
आया इस जग में था करने को काज कुछ, · 85

ई

ईश के अनुग्रह से जीवन विशेष मिला, · 85

उ

उनको प्रणाम कोटि-कोटि है उन्हें नमन, · 91
उपकार कितना तुम्हारा मैं गिनाऊँ राम, · 17
उर हो अशांत कभी, रहो कुछ पल मौन, · 55

ऋ

ऋषि-गण-ज्ञानी गुणगान करते हैं सदा, · 98

ए

एक आशुतोष की शरण छोड़ प्रतिपल, · 55

ऐ

ऐसा वातावरण हुआ वसुन्धरा का अद्य, · 79

क

कटते हैं काल के कराल पाश पल में ही, · 71
कठिन कुयोग को बनातें हैं सुयोग आप, · 25
कठिन कुसंगति से मुझको बचाओ राम, · 34
कड़ी हर घड़ी चलती ही रहे वंदना की, · 27
कभी भी जो राम के लिए लगाते नहीं भोग, · 46
करता नहीं हूँ अर्पित जब तक नीर, · 11
करता हूँ "मानस" परायण मैं प्रतिदिन, · 40
करता हूँ कुछ अर्पित वन्दना के पुष्प, · 91

छंद सूची

करते विलाप कभी वन में वियोगी बन, · 96
करनी है सेवकाई चरणों की नित मुझे, · 92
करने में राम का विरोध रहते हैं रत, · 64
करेगा घमंड तो मिलेगा ही प्रचंड दंड, · 56
करोगे विरोध जो सनातन का इस भाँति, · 59
कलिकाल में न जाने कौन कैसा बन जाये, · 56
काम क्रोध कलह कलुषता कपट क्लेश, · 63
कार्तिक करो कठोर साधना नियम बाँध, · 53
काल के लिये भी है कराल विकराल किंतु, · 17
कालनेमि मानेगा न रावण की कोई बात, · 82
किया नहीं जीवन में कभी भी अनीति यदि, · 67
किसी भ्रमवश न ये टूटे साधना का क्रम, · 27
किसी का बढ़ा के पट करते हैं कौतुक तो, · 96
कीजिये भवानी स्वीकार वंदना के पुष्प, · 8
कृपा कर अपनी प्रदान करो प्रिय-भक्ति, · 84
कोई रूप रंग नही भरता उमंग अंग, · 52
कौन है जो रामजी की क्षमता को सके माप, · 21

ग

गये गुणवान-ज्ञानवान-यशवान अति, · 95
गा रहे हैं अवध-निवासियों का यश देव, · 81
गीता की ही मानिये न सुनिये किसी की कुछ, · 59
गुण-ज्ञान-हीन दीन व्यथित मलीन-मति, · 86
गुरु पद पंकजों को अपना झुका के शीश, · 28
गूँजते नहीं हों जिस गृह रामजी के गीत, · 46
गोपियों का गोरस तो ग्रहण किया गोविन्द, · 32

च

चरणों में आपके झुकाते हम नाथ शीश, · 30
चलने से प्रतिकूल राम के समझ लेना, · 65
चहुँ दिशि विदिशि है रामजी का ही प्रभाव, · 67
चाहते हैं कान रसपान हरि-चरित का, · 92
चैत्र मास चित्त को लगाओ राम चिंतन में, · 53
चौदह भुवन तीन लोक के सृजन हार, · 16
चौदहों भुवन बस राम-नाम की है गूँज, · 80

छ

छीन लयी पोटली-पुनीत अति-प्रीति-भरी, · 96
छोटी-मोटी नगरी न लेना भूल से समझ, · 74

ज

जग की जटिलता को जानते हैं जोगी जन, · 54
जन जन के हृदय ज्ञान भक्ति व विवेक, · 37
जनवरी जप कर राम को करो व्यतीत, · 51
जानना था जिनको वो जान गये राम जी को, · 57
जिनका कराल-कोप देख सिन्धु काँप उठा, · 95
जिनकी प्रकृति है विकृति दूर करने की, · 12
जीवन को कर लूँ मैं धन्य रामनाम जप, · 36

ट

टूटता है घोर-तम अगम-अगाध-अति, · 94
टोली भक्त-रसिकों की हुई भाव में विभोर, · 76

त

तुम बिन चलता नहीं है विधि का विधान, · 32
तुलसी की लेखनी में खोट दिखता हो जिसे, · 42
तैर गये पाहन विशाल जलराशि पर, · 19
त्याग कर कुटिल कुसंग करिये सुसंग, · 49

छंद सूची

द

दाम भी जरूरी धन-धाम भी जरूरी है तो, · 59
दिन-रात पाप में बिताते हैं जो निज काल, · 64
देख दसभाल निज वाणी को सँभाल सठ, · 56
देखते ही बनती है अम्बर की छटा दिव्य, · 76
देवकी के लाल यशोमति के दुलारे श्याम, · 31
देवि दिव्यता से युक्त कर के मुझे महत, · 9
द्रोपदी ने जब नाथ आपकी लगाई टेर, · 92
द्वार-द्वार सजी हैं रंगोलियाँ सुहानी मंजु, · 77

ध

धन्य है वो धरा धाम धरमध्वजी हों जहाँ, · 70
धरती पै राम को पुकारा गया जब-जब, · 81
धरा की ये संपदा न जायेगी तुम्हारे साथ, · 49
धरा-धन-धाम की न नाम की ही कामना है, · 89
धर्म-ज्ञान-भक्ति व विवेक सुख-शान्ति और, · 77
ध्यान में उतरकर देखता हूँ रामजी को, · 27

न

नन्दजी के घर अति आनन्द-असीम भर, · 97
निम्न तो नहीं हो किन्तु अब हो रहे हो बन्धु, · 58

प

पतित-अजामिल को मिल गयी हरि-कृपा, · 93
परम-प्रगति का पुनीत पथ पाना है तो, · 54
पाञ्चजन्य पद्म गदाधारी असुरारी प्रभु, · 20
पातकी-अधम दुष्ट-चोर-दुराचारियों का, · 98
पाते हैं वो इस लोक से सदा के लिये मुक्ति, · 22
पान कर कर धन्य हो रहे हैं सब लोग, · 79
पापियों से वसुधा व्यथित होगी जब-जब, · 44
पावन परम मधुमास के मधुर दिन, · 43
पावन प्रणाम प्रभु-पद-पंकजों के प्रति, · 9
पावन प्रयाग की है महिमा महान अति, · 51
पूतना कुपूतनी निशाचरी को किया ढेर, · 19
प्रति-पल हर-घड़ी निशि-दिन हर-याम, · 94
प्रतिपाल करते हैं शरण में आये का वो, · 14
प्रथम प्रणाम प्रभु पद पंकजों के प्रति, · 70
प्रथम, प्रभात में प्रणाम प्रभु जी को कर, · 63
प्रबल प्रभाव परिपूर्ण प्रिय पावनी व, · 43
प्रमुदित हो रहे अवध की प्रभा को देख, · 80
प्रस्तर को किया मुक्त देके प्रमदा स्वरुप, · 15
प्रेम से न उर गदगद होता जब तक, · 17

ब

बज रहे वादन विचित्र सर्वत्र अत्र, · 74
बड़े विज्ञ ज्ञानी की न मानी है कदापि सीख, · 89
बढ़ गयी कोटि-गुना सुरभि-सुहानी मंजु, · 78
बढ़ता है मोद व प्रमोद महा मानस में, · 69
बदल रहे हैं अब कालनेमियों के बोल, · 71
बल पर जिनके घमंड था अखण्ड मुझे, · 91
बार-बार करता हूँ प्रबल-प्रयास प्रभु, · 86
बावरे न बनना बसंत की बहार वश, · 60
बिना प्रभु प्रेम के हैं व्यर्थ उपलब्धियां ये, · 31

भ

भक्त को लगाते निज उर से हमारे राम, · 15
भक्ति भरे आचरण से किया वरण शुचि, · 70
भक्ति भाव ही तो है सजीवता का मूल अर्थ, · 37
भरता नहीं है श्रीराम वंदना से मन, · 36
भले न सनातन को अंगीकार करें आप, · 61

भले ही करा दो उद्यान वाटिका भ्रमण, · 58
भारत की विपदा को हर लो हे राम सद्य, · 29
भाव से जो भजता है प्रभुराम जी का नाम, · 22
भूल गये परम-प्रगति का पुनीत पथ, · 54
भेज राजा बलि को पाताल किया चूर मद, · 93
भोजन शयन विश्राम में हुआ व्यतीत, · 30
भोजन-शयन सुख-साधन सकल तज, · 93
भोजन-शयन घोर-भोग में हुआ व्यतीत, · 99
भोर की घड़ी में भज परम पवित्र नाम, · 66

म

मंगल आनन्द की प्रदायिनी व सुखमूल, · 36
मन में रहे सदैव राम का स्वरूप रम्य, · 26
महिमा को जिनकी त्रिलोक सारा जानता। · 40
मानस महान-वीर-राघव का रहे दास, · 34
मानस का मधुर मनोहर सरस गान · 40
मानस की ताल संग नाचता है उर जब · 41
मानस में मेरे नित कीजिये विहार राम, · 35
मानस विरोध में जो कर रहा ऐसा शोर · 41
मिट गये जिसने भी किया राम का विरोध, · 72
मिट गये सकल कुयोग के समूह सद्य, · 77
मित्रघन दुर्मुख विकट प्रतापन व, · 30
मुखपोथी से मैं धीरे धीरे हो रहा हूँ दूर, · 50

य

यदि इस समय जो समझे नहीं विशेष · 50
यमुना तरंगिणी का किया निर्मल नीर, · 31
याज्ञवल्क्य वायसभुसुण्डि आशुतोष शिव, · 18

र

रघुकुलमणि की उतार छवि निज उर, · 28
रच कर रखा जिसे शिव जी ने मानस में, · 42
रचना नहीं है अर्चना है राम जी की यह, · 26
रजनीश करता है शीतल सकल जग, · 67
रसना में रख कर राम का पवित्र नाम, · 29
राम के चरित्र में जो ढूढ़ते हैं नित्य दोष, · 65
राम अनुरागियों से रखना विशेष द्वेष, · 66
राम काज में है बाधा बनने की चाह यदि, · 66
राम गुणगान पर प्रथम धरो जी ध्यान, · 53
राम नाम से है कर रही उर को विभोर, · 35
राम का किया हुआ है राम का दिया हुआ है, · 11
राम का चरित्र सुन होता है पवित्र-जीव · 21
राम की कथा से कट जाता है कठोर-कष्ट · 14
राम की रामायण से किसकी हुई है हानि? · 39
राम के विरोध से प्रबोध का है होता नाश, · 64
राम को न छोड़ूँ भले मोड़ूँ मुख जगत से, · 26
राम जी का शासन है लोक परलोक और, · 23
राम जी की महिमा को जानता नहीं है कौन, · 18
राम जी ने रचना रची है कैसी चहुँ ओर, · 61
राम नाम के प्रताप व प्रभाव से सहज, · 21
राम पद पंकजों में अपना झुका के शीश, · 28
राम से है वैर तो न खैर अपनी समझ, · 57
राम-छवि देखते ही होता है प्रफुल्ल उर, · 69
रामजी की शरण ग्रहण कर लेने पर, · 23
राम-नाम की है गूँज धरा से गगन तक, · 76
रिषि गण ज्ञानी गुणगान करते हैं सदा, · 20

ल

लीजिये उबार मुझे सुनिये पुकार यह, · 90

छंद सूची

लौट लौट कर रमता है मन रामजी में, · 37

व

वंदना के पावन-प्रसून कीजिये ग्रहण, · 65
वनिता-विनीता वरबन्धु वीर बसे वन, · 16
विवध-प्रकार के विकार से ग्रसित नित, · 87
विषयी विलासियों की उर की बढ़ाने व्यथा, · 62
विषयों का कीजिये विशेष त्याग बन्धुवर, · 61
विषयों के विष से विलग रहिये विशेष, · 55
विष्कुंभ, शूल, गण्ड, वज्र, व्यतीपात आदि, · 22
वेद सद्ग्रंथ प्रतिपंथ से प्रमाणित है, · 50
वैभव विशेष यश शक्ति भी जो हो अगाध, · 60
व्यर्थ के अलाप व प्रलाप से नहीं है लाभ, · 52

श

शारदे के वंदन से रसना रसीली कर, · 52
शिव सदा ध्याते तुम्हें देवता मनाते तुम्हें, · 19
शुभ-मति शुभ-गति सुकृति-प्रगति अति, · 90
श्रीपुर-वासी क्षीर-सागर निवासी आप, · 95

स

संकट समूह काटती है आपकी शरण, · 18
सकल सुकरम विहीन अधरम रत, · 88
सकल-भुवन नाथ आपका प्रताप छाया, · 90
सज गये मंगल कलश जल उठे दीप, · 75
सत्संग आपकी कृपा से मिल जाये नाथ, · 86
सदा मानते हैं तुलसी का उपकार हम, · 41
सदा से बताते आये वेद शास्त्र व पुराण, · 60
सब को हैं भाते अति साँवले सलोने राम, · 23
सरयू के पावन पुलिन पर लोट-लोट, · 78
सरल स्वभाव प्रेम अमित प्रभाव युक्त, · 16
साधना से स्वयं को कीजिये पवित्र बन्धु, · 63
सुखद सितम्बर में सीताराम को निहार, · 51
सुधियों की लेखनी करेगी राम गुणगान, · 57
सुन-सुन कर गुण-गान नित माधव के, · 85
सुरभि से सिंचित हो बहने लगा समीर, · 62
सुषमा की राजधानी अवधपुरी को आज, · 75
सूपनखा विचरेगी निज नासिका को काट, · 82
सेवा साधु की सदैव करूँ निज जीवन में, · 87
स्वामी मम होइये प्रसन्न दीनानाथ प्रभु, · 88

ह

हनुमानजी के इष्ट महिमा में हैं विशिष्ट, · 35
हरि कथा हरती है व्यथा हर मानव की, · 43
हरिओम- हरि ओम स्वास प्रति स्वास स्वास, · 87
हरो भव-ताप मम हृदय का तम घोर, · 94
हुआ गदगद हिय और भाव में विभोर, · 79
हुई न आनंद अनुभूति कभी पल भर, · 62
हो रहे आनन्द में विभोर चहुँ ओर जन, · 75
होती न हो आरती जहाँ पै रघुनाथ जी की, · 47

जय श्रीराम

राम-काव्य की अमर परंपरा और कवियों की प्रेरणा

श्रीराम का चरित्र इतना अनन्त और व्यापक है कि युगों-युगों से भारत के महान मनीषियों, ऋषियों और कवियों की लेखनी इसी के आसरे धन्य होती आई है। आदि कवि महर्षि वाल्मीकि ने जब 'रामायण' के रूप में प्रभु के पावन चरित्र को पहली बार शब्दों में ढाला, तो उन्होंने आने वाली पीढ़ियों के लिए मर्यादा का एक शाश्वत मार्ग खोल दिया। संस्कृत साहित्य के शिखर पुरुष महाकवि कालिदास ने अपने सुप्रसिद्ध महाकाव्य 'रघुवंशम्' में राजा दिलीप से लेकर श्री राम तक के पूरे वंश के वैभव और उनके त्याग का ऐसा जीवंत वर्णन किया, जो आज भी साहित्य की अमूल्य धरोहर है।

इसके बाद, रीतिकाल के प्रखर कवि आचार्य केशवदास ने 'रामचंद्रिका' जैसी अनूठी कृति रची, जिसे अपनी छंद-योजना और संवादों की वजह से हिंदी साहित्य में एक विशिष्ट स्थान प्राप्त है। मध्यकाल के कठिन समय में गोस्वामी तुलसीदास जी ने 'श्री रामचरितमानस' के माध्यम से राम-कथा को जन-जन के कंठ और हृदय तक पहुँचाया। दक्षिण में महाकवि कंबन की 'कंब रामायण', बंगाल में कृत्तिवास जी की 'कृत्तिवास रामायण', और आधुनिक काल में राष्ट्रकवि मैथिलीशरण गुप्त का 'साकेत' महाकाव्य—ये सभी इस बात के प्रमाण हैं कि राम की कथा हर भाषा और हर काल में प्रासंगिक रही है। इन महान विभूतियों की रचनाएं केवल साहित्य नहीं हैं, बल्कि वे दीपस्तंभ हैं जिन्होंने सदियों से समाज को राह दिखाई है।

ठाकुर प्रसाद द्विवेदी

जय श्रीहरि

राम नाम का आश्रय और मेरा लघु प्रयास

पिछले प्रष्ठ पर उल्लिखित महान संतों, ऋषियों और मूर्धन्य कवियों की अमर वाणियों से प्रेरणा पाकर ही मेरे मन में भी यह सहज इच्छा जागी कि मैं भी अपनी श्रद्धा और सामर्थ्य के अनुसार प्रभु के इस पावन स्वरूप को समझने और समेटने का एक छोटा सा प्रयास करूँ। सत्य तो यह है कि राम और उनके नाम की महिमा का पार पाना किसी साधारण मनुष्य के वश में नहीं है। संतों ने तो यहाँ तक कहा है कि स्वयं प्रभु भी अपने नाम की पूरी महिमा का बखान नहीं कर सकते। राम नाम वह तारक मंत्र है जो डूबते हुए जीवन को सहारा देता है और अशांत मन को परम विश्राम।

यह पुस्तक 'श्रीराम दर्शन' उसी अनंत प्रेरणा और प्रभु की असीम कृपा का एक लघु प्रतिफल है। इस लेखन की यात्रा में यदि किसी पाठक को प्रभु के प्रति रत्ती भर भी अनुराग या मानसिक शांति का अनुभव होता है, तो मैं इस प्रयास को सार्थक मानूँगा। यह लेखन मेरा पुरुषार्थ नहीं, बल्कि उन महान पूर्ववर्ती कवियों के प्रति मेरा आदर और श्रीराम की चेतना का प्रसाद है, जिसे उन्होंने कृपा करके मुझसे लिखवा लिया। अंत में, उन्हीं महान मनीषियों के चरणों में प्रणाम करते हुए और प्रभु के चरणों में इस कृति को समर्पित करते हुए बस यही भाव शेष रहता है जो तुलसीदासजी ने लिखा।

"सिय राम मय सब जग जानी, करहुँ प्रनाम जोरि जुग पानी।"

ठाकुर प्रसाद द्विवेदी

जय श्रीराम

समाप्त

www.ingramcontent.com/pod-product-compliance
Lightning Source LLC
LaVergne TN
LVHW100331210926
848480LV00003B/1308